两端支撑大跨单层异形钢壳结构

马智刚　曹丙山　崔光海　著

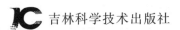吉林科学技术出版社

图书在版编目(CIP)数据

两端支撑大跨单层异形钢壳结构 / 马智刚，曹丙山，崔光海著． —— 长春：吉林科学技术出版社，2023.3

ISBN 978-7-5744-0153-2

Ⅰ．①两… Ⅱ．①马… ②曹… ③崔… Ⅲ．①周口店（考古地名）－文化遗址－保护－大跨度结构－网壳结构－钢结构 Ⅳ．①K878.04 ②TU391

中国国家版本馆 CIP 数据核字(2023)第 055024 号

两端支撑大跨单层异形钢壳结构

著	马智刚　曹丙山　崔光海	
出 版 人	宛　霞	
责任编辑	高千卉	
封面设计	张啸天	
制　　版	济南越凡印务有限公司	
幅面尺寸	170mm×240mm	
开　　本	16	
字　　数	108 千字	
印　　张	6.5	
印　　数	1-1500 册	
版　　次	2023年3月第1版	
印　　次	2024年2月第1次印刷	

出　　版　吉林科学技术出版社
发　　行　吉林科学技术出版社
地　　址　长春市福祉大路5788号
邮　　编　130118
发行部电话/传真　0431-81629529 81629530 81629531
　　　　　　　　　　　　81629532 81629533 81629534
储运部电话　0431-86059116
编辑部电话　0431-81629518
印　　刷　三河市嵩川印刷有限公司

书　　号　ISBN 978-7-5744-0153-2
定　　价　40.00元

作者简介

马智刚,男,1979年7月生,山东人。毕业于清华大学,工学硕士,现为清华大学建筑设计研究院有限公司正高级工程师,主要研究方向为钢结构,发表40多篇专业学术论文,参编著作2部。获中国建筑金属结构协会科学技术奖一等奖两项,中国钢结构协会科学技术奖二等奖、三等奖各一项。

曹丙山,男,1981年6月生,北京人。毕业于北京大学(北京市高等教育自学考试)计算机及应用专业,本科,现为北京市机械施工集团有限公司正高级工程师,主要研究方向为建筑钢结构施工,发表10篇专业学术论文,获华夏建设科技进步奖、中国施工企业管理协会科技成果创新奖等多项荣誉。

崔光海,男,1972年3月生,吉林人,毕业于清华大学,工学博士,现为清华大学建筑设计研究院有限公司正高级工程师,主要研究方向为建筑设计,发表20多篇专业学术论文。获亚洲建筑师协会保护项目类金奖、联合国教科文组织亚太遗产保护奖创新奖等多项荣誉。

前　言

周口店遗址第一地点(猿人洞)保护建筑位于北京市房山区周口店。为保护猿人洞免受雨雪等灾害,在猿人洞上方建设钢结构罩棚,罩棚外形由周边山体等高线回归后得到,为不规则空间曲面。钢结构罩棚主体为两端支撑大跨单层异形钢壳结构,由大直径弯曲圆钢管相贯焊接形成。

本工程设计复杂,施工难度大,如何保证大跨单层网格钢结构满足强度、刚度及稳定方面的要求是本工程的重点及难点。单层网格面外计算长度系数取值是否合理对结构设计非常重要,系数取值须深入研究确定,节点保持刚接是单层网格结构成立的前提。单层网格杆件通过相贯焊接进行连接,无法实现完全刚接,应考虑节点刚度部分释放,单层网格对基础变形非常敏感,如何保证基础的刚性,满足单层网格的抗推要求是本工程的又一大难点。

本工程施工现场为世界文化遗产重点文物保护单位,施工过程中严禁破坏文物。本工程主体钢结构位于被保护文物的正上方,现场条件复杂,施工场地高差大。两端支撑大跨单层异形钢壳造型复杂,曲线不规律,结构平面质量布置不均匀。现场通视条件差,测量难度大。单根主管为空间三维多次变化,加工、拼装、吊装精度控制难度大,构件加工和焊接难度大。

本工程于 2015 年 10 月开始基坑开挖,2016 年底开始主体结构施工,2018 年 8 月竣工验收。项目获得 2019 亚建协保护项目类金奖、2019 第十三届中国钢结构金奖工程、2019 第十一届空间结构奖设计银奖、2020 联合国教科文组织亚太遗产保护奖等荣誉。

本书共分 4 章,详细介绍了两端支撑大跨单层异形钢壳结构的设计和施工情况,为类似工程建造提供借鉴和参考。由于编写时间仓促、作者水平有限,书中难以详尽介绍所有技术内容及细节,并且书中缺点、错误在所难免,敬请各位专家、同行和广大读者批评指正。

工程实施过程中得到王立军、葛家琪、甘明、张伟、孙跃先、钱基宏、季元振、何晓洪、刘彦生、李青翔等各位专家的大力支持与帮助,书中部分照片为高峻摄影师拍摄,谨表感谢!

目　录

第1章　工程简介

1.1　项目概况

周口店"北京人"遗址位于北京市西南房山区周口店镇龙骨山北部，自1927年进行大规模系统发掘以来，发现不同时期各类化石及文化遗物地点共27处。周口店遗址于1961年被国务院公布为首批全国重点文物保护单位，并在1987年被联合国教科文组织列入中国首批"世界文化遗产名录"。

本次保护工程的重点对象是周口店猿人洞遗址，这里是裴文中先生发现第一头盖骨的地方，俗称第一地点。现状为一个长方形深坑，东西长35m，南北宽5~8m，深约30m，由遗骨、遗物、遗迹和洞顶塌落的石块和洞外流入的泥沙等堆积而成。洞内自上而下分为13个文化层，"北京人"化石从第11层至第3层均有发现，最厚灰烬层达6m。在发掘前，该洞穴就已坍塌。

本次保护工程也相应的涉及到紧邻猿人洞的山顶洞遗址、鸽子堂。各遗址地点处于露天保存状态，长期遭受各种自然力的破坏。主要有大气降水产生的冲刷及溶蚀破坏、风的吹蚀和温差作用，以及雷暴、冰雹、寒潮等。遗址本体出现堆积体、岩体失稳、塌落等诸多地质病害。2012年北京"7·21"特大暴雨过后，周口店猿人洞发掘坑内洞底及西剖面发现有雨水迅速积聚后又消失的现象，后经物探勘察证明洞底存在大的裂隙或溶洞系统，溶蚀裂隙及错动斜面的破碎带。此次重大自然灾害进一步证明：现有的局部保护措施及小范围的遮护措施已难以满足对猿人洞遗址的本体保护需求。

因猿人洞及其周边脆弱山体都需得到保护及覆盖，横跨猿人洞山顶至山脚的大体量保护设施被提出。保护设施主体采用空间单层网格钢结构，横跨猿人洞遗址，落脚点均选在敏感区域之外较平坦岩层上。

保护设施不仅可整体覆盖保护遗址本体，还可保持遗址环境的安全及完整性。考虑到雨水飘落角度、光照通风要求、展示设施以及结构所需着力点情况等因素,计算出保护设施覆盖的最小面积,最小化对遗址本体的干预,以双层表皮隔绝大气对遗址的直接作用,减缓风、光、温差作用,保证其对遗址本体的保护功能,并兼顾内部观赏空间的物理环境。

保护设施贴合山体起伏,对周边山势影响甚微。设计中以三维建模技术,复原现存山体,再通过现存山体等高线,推断未坍塌前山体形状,在高出原有山体3m左右的控制线上进行形体的生成,以此作为保护建筑的外部形态。设施内部以紧邻的鸽子洞内壁为基础模型,通过三维激光扫描技术制作模板,翻制轻质吊挂板,悬于钢结构下部,以保证内部景观的协调性,同时形成具有调节作用的双层表皮(见图1-1)。

保护设施内外皆与自然环境协调,融入遗址环境之中,隐伏于树木掩映之下,使其与遗址浑然天成。本保护设施采取技术成熟的绿植屋顶形式,整体铺设屋顶绿化,利于维护传统景观,与遗址周围环境融为一体。

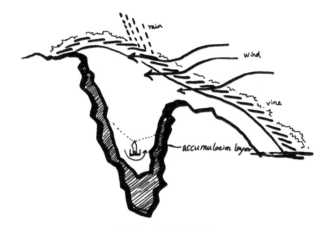

图1-1　设计意向图

1.2　建筑理念

1.2.1　融入自然

设计中通过三维建模技术,以现存山体等高线为线索,推导出猿人洞未坍塌前的山体形态,以此作为保护设施的外部形态,恢复了历史山形。同时,绿植屋面上表皮与仿岩石纹理下表皮使其融入了周边环境。

1.2.2　内部物理环境

保护设施采用双层叶片体系,完全避免暴雨影响的同时,确保通风顺畅,并能过滤直射阳光为室内提供照明。洞内温度、湿度的波动幅度由此被控制在安全范围。由于湿度降低和缺乏直射阳光的照射,对崖壁岩体造成危害的植物逐渐凋亡,而其根系仍保留在崖体内,能起到一定的稳固作用,由此在避免大规模干预环境的情况下缓解了生物病害对遗址的破坏。建成之后的监测数据表明,洞内的物理环境得到了充分的改善。

1.2.3　最小干预

保护设施采用大跨度钢结构,落点位置避开了遗址周边的敏感区域,最大程度地减少对考古遗址的干扰。结构在必要时能够拆除,不改变历史信息。

1.2.4　价值阐释

保护设施为公众充分理解猿人洞历史信息提供了更好的条件。步道和平台的设计让参观者能近距离观察崖壁,面向北侧崖壁设置的台阶可供落座并观赏投影在崖壁上的讲解动画,感受整个猿人洞的历史环境与场所精神。

本工程横跨猿人洞,为其提供整体性保护。保护设施通过上下叶片的叠合设计,为遗址创造更有利的物理环境。建筑外形由现有山体等高线控制生成,恢复了历史山形;上叶片采用绿植屋面,下叶片采用仿岩石造型玻璃钢,以融入遗址环境。同时,内部增加展示功能,使公众身临其境了解遗址价值。

保护设施主体钢结构采用两端支撑大跨单层异形钢壳,南北单向支撑,东西开敞。主结构南北投影跨度 79m,东西投影跨度 56m,基础高差约 35m。总建筑面积 3728m²。两端支撑大跨单层异形钢壳由大直径弯曲圆钢管相贯焊接形成(见图 1-2、1-3、1-4、1-5)。

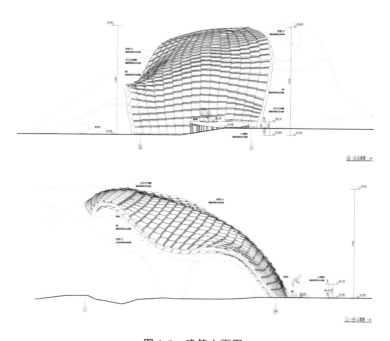

图 1-2　建筑立面图

图 1-3　建筑鸟瞰图

图 1-4　上下叶片实景图

图 1-5　建筑夜景图

第2章 结构设计

2.1 结构体系

周口店遗址第一地点(猿人洞)保护建筑位于北京市房山区周口店。为保护猿人洞免受雨雪等灾害,在猿人洞上方建设钢结构罩棚,罩棚外形由周边山体等高线回归后得到,为不规则空间曲面。罩棚展开面积约 $4000m^2$,保护区域约 $2878m^2$ 。

为实现对遗址的最小化干扰,尽量减少结构体量,减少对周围环境的影响,钢结构罩棚主体为两端支撑大跨单层异形钢壳结构,由大直径弯曲圆钢管相贯焊接形成,在其上设置上下两层叶片,上叶片局部做种植槽,种植攀爬植物。主结构最大投影跨度约79m,通过山顶和山脚两排支座进行支撑,基础高差约35m。

壳体贴合山体起伏,与周围山峦呼应。主体钢结构通过山顶和山脚两排支座进行支撑。单层网格结构厚度薄,为上下叶片的安装创造了条件,得到建筑专业相关人士的高度认可。异形钢壳体照片如图 2-1 所示。

图 2-1　大跨度单层异形钢壳照片

　　该工程异形壳,由大直径弯曲圆钢管相贯焊接形成,圆钢管共计 7 种截面,17 种规格。构件最大截面为 Φ1100×55,最小截面为 Φ325×10。主体结构钢材材质为 Q345C。主体结构斜向最大跨度约 83m,通过山顶和山脚共 21 个铰接支座进行支撑,山顶与山脚高差约 35m(见图 2-2)。

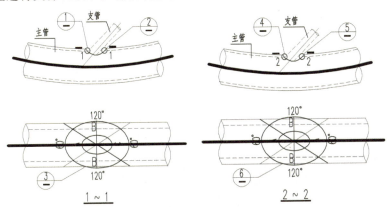

相贯节点　节点加强部位作法

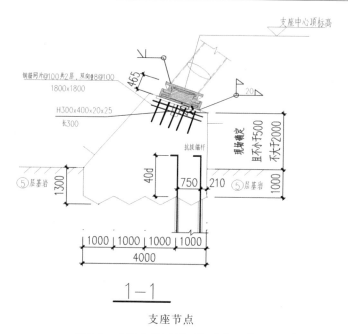

1—1

支座节点

图 2-2 大跨度单层异形钢壳典型节点

2.2　结构设计关键点

本工程结构设计使用年限为 50 年,结构设计基准期为 50 年,结构设计耐久性年限为 100 年,结构安全等级二级,地基基础设计等级甲级,抗震设防类别丙类,场地特征周期 0.4S,阻尼比 0.02,抗震性能化目标为中震弹性、大震不屈服。

本工程设计复杂,施工难度大,如何保证大跨单层网格钢结构满足强度、刚度及稳定方面的要求是本工程的重点及难点,单层网格结构对稳定性能要求较高,须通过三维双重非线性极限承载力分析进行确定。经 ansys 软件分析后得出网格结构整体稳定安全系数 k 值为 3.58,满足《空间网格结构技术规程》要求,单层网格整体稳定性有保证。

单层网格面外计算长度系数取值是否合理对结构设计非常重要,系数取值需深入研究确定,本工程根据典型部位的屈曲内力,通过欧拉公式反算得到杆件的面外计算长度系数并与规范取值进行了对比分析。

节点保持刚接是单层网格结构成立的前提,单层网格杆件通过相贯焊接进行连接,无法实现完全刚接,应考虑节点刚度部分释放,计算中考虑了支管节点刚度 30%、50%、70% 和全刚接计算结果,并进行综合比较。节点验算依据《钢管结构技术规程》(CECS 280—2010)第 6 章节点强度计算中相关规定,对本工程中相贯焊接的所有节点进行承载能力验算。能按公式验算通过的,节点刚性可以保证,对局部几个不能通过的,采用增加钢管局部壁厚的方式进行解决。

单层网格对基础变形非常敏感,如何保证基础的刚性,满足单层网格的抗推要求是本工程又一大难点,结构设计在考虑了现场实际情况和地勘资料后,参考大坝设计经验,通过有限元分析选定条形抗推基础,并将基础埋入岩石下不小于 1m,经有限元分析后发现,结构与基岩连接处,应力基本在 0.4MPa 以下,远远小于岩石的受力能力,抗推基础的变形非常小,结构安全性有保证。

2.3 结构与建筑的配合

建筑设计与结构设计是整个建筑设计过程中的两个最重要的环节,对项目成败至关重要。两专业之间存在着相互协调、互相制约的关系。

在建筑设计中,建筑师应积极与结构师协商,力求建筑与结构的和谐统一。结构师应积极理解建筑理念,为建筑设计出谋划策。建筑与结构设计同步进行,利于保证工程顺利实施,利于工程质量。

任何一个建筑设计方案,都会对具体的结构设计产生影响,而有限的结构设计技术水平又制约着建筑设计层次。因此,建筑设计与结构设计相互协调,相互帮助,使二者相统一,才能创作出真正优秀的建筑设计作品。

周口店遗址保护设施工程有着非常丰富的建筑设计理念。总建筑师崔光海老师在文物保护领域有着丰富的经验,设计手法有非常大的创新性和探索性。

周口店"北京人"遗址位于北京市西南房山区周口店镇龙骨山北部,于 1961年被国务院公布为首批全国重点文物保护单位,并于 1987 年被联合国教科文组织列入中国首批"世界文化遗产名录"。

本次保护工程的重点对象是周口店猿人洞遗址,这里是裴文中先生发现第一头盖骨的地方,俗称第一地点。现状为一个长方形深坑,东西长 35m,南北宽 5～8m,深约 30m,由遗骨、遗物、遗迹和洞顶塌落的石块和洞外流入的泥沙等堆积而成。本次保护工程也相应的涉及到紧邻猿人洞的山顶洞遗址、鸽子堂。各遗址地点处于露天保存状态,长期遭受各种自然力的破坏。主要有大气降水产生的冲刷及溶蚀破坏、风的吹蚀和温差作用,以及雷暴、冰雹、寒潮等。遗址本体出现堆积体、岩体失稳、塌落等诸多地质病害。

因猿人洞及其周边脆弱山体都需得到保护及覆盖,横跨猿人洞山顶至山脚的大体量保护设施被提出。保护设施主体采用空间网格钢结构,横跨猿人洞遗址,落脚点均选在敏感区域之外较平坦岩层上。

保护设施不仅可整体覆盖保护遗址本体,还可保持遗址环境的安全及完整性。保护设施贴合山体起伏,对周边山势影响甚微。设计中以三维建模技术,复原现存山体,再通过现存山体等高线,推断未坍塌前山体形状,在高出原有山体 3m 左右的控制线上进行形体的生成,以此作为保护建筑的外部形态。设施内部以紧邻的鸽子洞内壁为基础模型,通过三维激光扫描技术制作模板,翻制轻质吊挂板,悬于钢结构下部,以保证内部景观的协调性,同时形成具有调节作用的双层表皮。

保护设施内外皆与自然环境协调,融入遗址环境之中,隐伏于树木掩映之下,使其与遗址浑然天成。本保护设施采取技术成熟的绿植屋顶形式,整体铺设屋顶绿化,利于维护传统景观,与遗址周围环境融为一体。

为实现对遗址的最小化干扰,尽量减少结构体量,减少对周围环境的影响,结构专业在充分论证的基础上采用了两端支撑大跨单层异形钢壳结构,主体钢结构通过山顶和山脚两排支座进行支撑。单层网格结构厚度薄,为上下叶片的安装创造了条件,边部处理也变得简单,对建筑效果的实现提供了非常大的支持,得到建筑专业相关人士的高度认可。

为尽量减轻屋顶种植的重量,采用叶片上设置种植槽的方式,既利于维护又减轻了荷载,对植物生长有较好的控制作用。

在建筑与结构专业相互协商、互相配合、鼎力合作的基础上,周口店遗址保护设施工程的设计工作得以顺利完成并成功实施。

2.4 主体结构及叶片参数化找型

本工程通过三维扫描技术及现场测量手段得到现状山体数据,此数据完全导入到犀牛软件中,建立完全数字化的三维模型。

在拟建保护设施位置,通过山体等高线,推断未坍塌前山体形状,在高出原有山体 3m 左右的控制线上进行形体的生成,以此作为保护建筑的外部形态的下皮。往外用 offset 命令偏移 2m 作为主体结构中心线位置,再往外偏移 2m 作为建筑形态的上皮。下皮为下叶片的控制边界,上皮为上叶片的控制边界,主体结构中心线位置为主体结构的空间位置。

通过犀牛软件及 grasshopper 软件可对主体结构中心线所在曲面位置进行网格化。通过不同的参数调整,可划分不同的网格,经多方比较后,确定最终的网格形态(见图 2-3)。

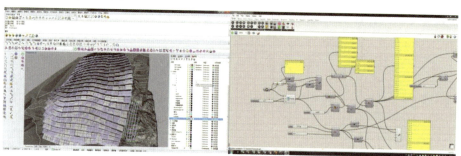

叶片及参数控制图

主体钢结构及参数控制图

图 2-3 大跨度单层异形钢壳参数化找型

2.5　主体结构设计

主体保护棚展开面积约 4000m², 保护区域约 2878m²。

钢结构罩棚主体为大跨空间单层网格结构, 由大直径弯曲圆钢管相贯焊接形成, 在其上设置上下两层叶片, 上叶片局部做种植槽, 种植攀爬植物。主结构最大斜向跨度约 83m, 通过山顶和山脚两排支座进行支撑, 基础高差约 35m。

本工程结构设计使用年限为 50 年, 结构设计基准期为 50 年, 结构设计耐久性年限为 100 年, 结构安全等级二级, 地基基础设计等级甲级, 抗震设防类别丙类, 场地特征周期 0.4S, 阻尼比 0.02, 抗震性能化目标为中震弹性、大震不屈服。

本工程设计复杂, 施工难度大, 如何保证大跨单层网格钢结构满足强度、刚度及稳定方面的要求是本工程的重点及难点, 单层网格结构对稳定性能要求较高, 需通过三维双重非线性极限承载力分析进行确定。

单层网格面外计算长度系数取值是否合理对结构设计非常重要, 系数取值需深入研究确定, 本工程根据典型部位的屈曲内力, 通过欧拉公式反算得到杆件的面外计算长度系数并与规范取值进行了对比分析。

节点保持刚接是单层网格结构成立的前提, 单层网格杆件通过相贯焊接进行连接, 无法实现完全刚接, 应考虑节点刚度部分释放, 计算中考虑了支管节点刚度 30%、50%、70% 和全刚接计算结果, 并进行综合比较。节点验算依据《钢管结构技术规程》(CECS 280-2010) 第 6 章节点强度计算中相关规定, 对本工程中相贯焊接的所有节点进行承载能力验算。能按公式验算通过的, 节点刚性可以保证, 对局部几个不能通过的, 采用增加钢管局部壁厚的方式进行解决。

单层网格对基础变形非常敏感, 如何保证基础的刚性, 满足单层网格的抗推要求是本工程又一大难点, 结构设计在考虑了现场实际情况和地勘资料后, 参考大坝设计经验, 通过有限元分析选定条形抗推基础。并将基础埋入岩石下不小于 1m, 经有限元分析后发现, 结构与基岩连接处, 应力基本在 0.4MPa 以下, 远远小于岩石的受力能力, 抗推基础的变形非常小, 结构安全性有保证。

结构计算模型如图 2-4, 网壳斜向最大跨度 83m, 横向最大约 56m。空间网壳由圆钢管相贯焊接而成, 钢管材质 Q345C。

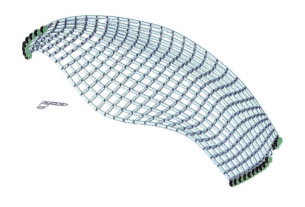

图 2-4 结构计算模型

主体结构通过山顶和山脚两排支座与地面连接,山脚处支座为铰接,山顶处支座为铰接。钢柱脚与混凝土抗推条基通过成品铰接支座连接,抗推条基坐落在基岩上,将支座反力传给地基。

2.5.1 主体结构荷载工况及组合

主体结构荷载工况包括:结构自重、外加恒荷载(吊顶、叶片及种植)、活荷载、风荷载(根据风洞试验)、地震作用(水平及竖向)、温度荷载等。

(1)结构自重程序自动考虑,考虑节点放大 1.05。

(2)屋面叶片:叶片钢框 20kg/m²;种植槽 120kg/m,合 30 kg/m²;考虑适当放大,叶片总重量按 100 kg/m²。

吊顶:龙骨及 5mm 玻璃钢吊顶 31 kg/m²。

(3)风荷载,基本风压(100 年一遇):0.5 kN/m²。

活荷载,基本雪压(100 年一遇):0.45 kN/m²,由于是山区,活荷载考虑 1.2 倍放大系数,为 0.54 kN/m²。

屋面活荷载:0.5 kN/m²。

(4)温度荷载取值:升温 35℃;降温 35℃;合拢温度:10~15℃。

(5)地震作用如下:

抗震设防烈度:8 度(0.2g)

抗震设防分类:丙类

阻尼比:0.02(大震 0.05)

抗震构造:按 8 度要求

场地特征周期:0.4s(大震 0.45s)

抗震等级:三级

水平地震影响系数最大值:0.16

水平地震影响系数最大值的增大系数:1.5

根据《建筑抗震设计规范》4.1.8 条:H＝40m,L＝35m,L1＝20m,最终确定为 1.5。

荷载布置及示意如图 2-5、2-6。

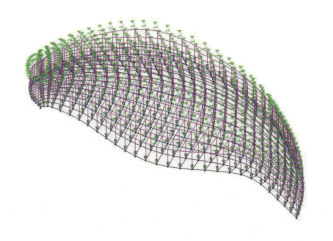

图 2-5　荷载施加示意

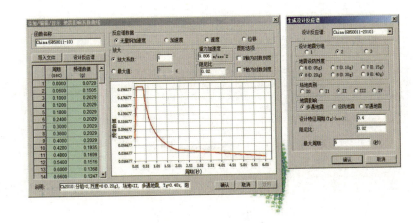

图 2-6　地震荷载

各单工况变形及应力对照如表 2-1。

表 2-1　计算汇总表

工况名称	工况编号	变形/mm	组合应力/MPa
结构自重（Dself）	1	−153	103
外加恒载（d）	2	−98	66
活荷载（S）	3	−78	49
升温 35℃（T+）	4	44	121
降温 35℃（T−）	5	−44	121
风荷载（W）	6	52	50
水平地震（Rs）	7	62	87
竖向地震（Rv）	8	107	68

以上单工况分析可以看出：结构自重比较大，其变形和应力较大，所占比重大；升降温度仅对局部影响较大，大部分杆件应力比较小；风荷载主要为吸力。

从图 2-7、2-8 看出：恒＋活荷载组合下跨中中部点最大竖向变形约 130mm。结构斜向跨度 83m，挠跨比 130/83000＝1/638＜1/400，结构刚度满足要求。

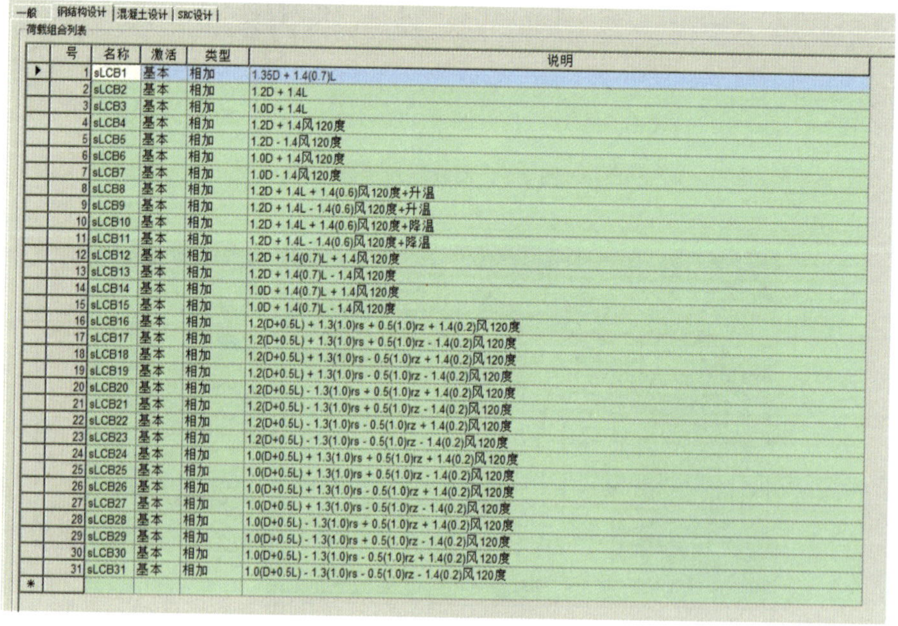

图 2-7　荷载工况组合

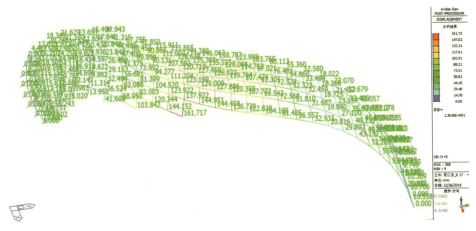

图 2-8　恒＋活荷载下跨中变形(mm)

从图 2-9 看出：最不利组合下组合应力 238MPa,主体结构强度满足要求。

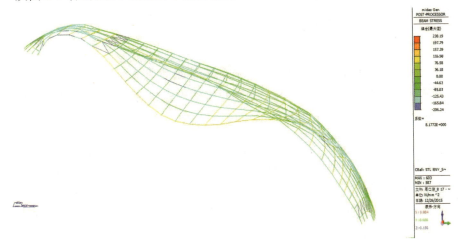

图 2-9　最不利组合下组合应力结果(MPa)

从图 2-10 看出：杆件计算长度平面内 1.0,平面外 1.6,最大应力比 0.91,结构稳定满足要求。

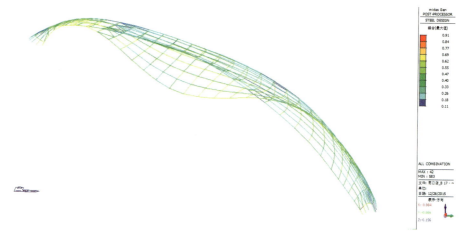

图 2-10　最不利荷载组合下应力比计算结果

2.5.2　风荷载分析

风洞试验是确定体型及场地条件比较复杂建筑所受风荷载大小及其分布情况比较成熟的研究手段。风洞中的建筑结构模型按一定的缩尺比进行制作，并在大气边界层风洞中模拟风的作用，从而最终确定建筑结构本身所受的风荷载。

用几何缩尺模型进行模拟试验需保证相似律满足要求。控制方程、初始条件以及边界条件决定着一个物理系统的响应。对控制方程、初始条件以及边界条件可以利用量纲分析方法将其无量纲化。如果这些无量纲参数在试验和原型中是一样的，则试验和原型就有着相同的控制方程、初始条件和边界条件，因此试验和原型的行为将是完全一样的。从试验得到的数据经过恰当的转换就可以运用到原型中去。

本工程采用刚性模型试验，刚性模型试验主要获取结构表面风压分布以及受力情况，试验中不考虑在风的作用下结构物的振动对其荷载造成的影响。刚性模型试验需满足几何相似、动力相似、来流条件相似等几个主要相似性条件。

几何相似条件要求试验模型和建筑结构原型在几何外形上完全一致，并且周边影响较大的建筑物也应按实际情况进行模拟，本工程模型比例为 1 ∶ 80。

雷诺数是动力相似的重要参数，在通常的风洞模拟试验中，由于风洞中的风速和自然风速接近，但模型进行了一定比例的缩小，因此雷诺数都要比实际雷诺数低两到三个数量级，雷诺数的差别是试验中必须考虑的重要问题。雷诺数主要影响流态(即层流还是湍流)和流动分离,对于锐缘建筑物,其分离点是固定的,流态受雷诺数的影响比较小。根据本工程的实际情况,流动将在边缘产生分离,分离点是固定的,因而可以认为压力系数与雷诺数无关。

真实的建筑物处在大气边界层中,粗糙的地球表面对大气运动施加了水平阻力,使靠近地面的风速减慢。要真实再现风与结构物的相互作用,就必须在风洞中模拟出和自然界大气边界层特性相似的流动。对于刚性模型,来流条件相似主要是要模拟出大气边界层的平均风速剖面和湍流度剖面。本工程根据《建筑结构荷载规范》中采用的指数形式的风剖面表达式,按地貌类别为 B 类来模拟来流条件。

大气边界层风洞通过布置粗糙元、尖劈等方法模拟出所需要的大气边界层剖面。本试验在中国建筑科学研究院风洞实验室进行。该风洞为直流下吹式风洞,全长 96.5m,包含两个试验段。本试验在高速试验段进行,试验段尺寸为 4m 宽、3m 高、22m 长,风速在 2m/s 到 30m/s 连续可调。

试验模型根据建筑图纸准确模拟了建筑外形及周边地形起伏情况,以反映建筑造型及周围地形对表面风压分布的影响。试验风速 15m/s,压力采样频率为 400.6Hz,采样时间 30s 左右。所有测点的压力数据同步获得。本工程共布置测压点 662 个(含双面测点 32 个),风向角按 10° 为间隔,共 36 个风向角。风洞试验模型如图 2-11 所示,风向角及测点编号见图 2-12。

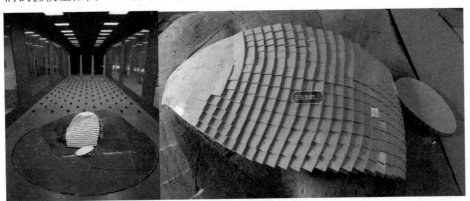

图 2-11　风洞试验模型

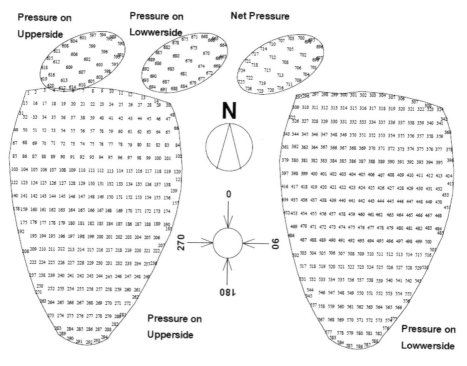

图 2-12 风向角及测点编号图

2.5.2.1 平均压力系数分布规律

本试验取远离模型的 2.2m 高度位置为参考点,并以此处的来流动压为标准将测点压力进行无量纲化。为方便根据规范使用试验结果,将得到的压力系数进一步进行转换,最终得到标准压力系数。该值相当于用 B 类地形实际高度 10m 处的来流动压(平均量)将建筑表面压力进行无量纲化。由于风洞中的风速剖面已按实际地形进行模拟,因而得到的平均压力系数值已经包含了大气边界层高度变化的影响,即平均压力系数值等于体型系数与高度变化系数的乘积。

分析各方向角下的平均压力系数分布情况,可以看出:在各向风向角下,主体结构所受荷载以风吸力为主,靠近网壳上部支座的中上位置主要受风吸力影响,靠近网壳下部支座的位置在 0°风向角下(或接近 0°风向角),局部出现较大风压力,这和网壳在与下部支座相接位置形成了比较完整的迎风面的空间形态是相符的。在 90°及 270°风向角下(风向与主体结构空间受力方向垂直)网壳均受风吸力影响。网壳边缘部位的平均压力系数最大可达到 −2.4,网壳中间部位的平均压力系数最大达到－1.9。在典型风向角下的主体结构受力情况如图 2-13 所示。

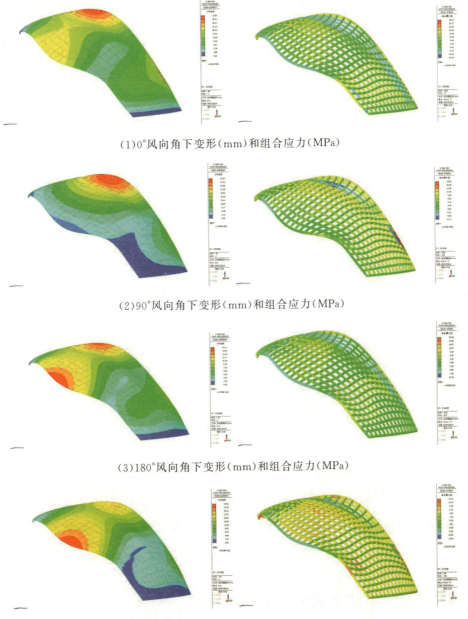

(1)0°风向角下变形(mm)和组合应力(MPa)

(2)90°风向角下变形(mm)和组合应力(MPa)

(3)180°风向角下变形(mm)和组合应力(MPa)

(4)270°风向角下变形(mm)和组合应力(MPa)

图 2-13　典型风向角下的主体结构受力情况

中国建筑科学研究院进行风洞试验并给出风压分布情况和各风向角下的

风荷载数值。由风洞试验报告和 midas 分析结果看出：在各向风荷载作用下，对主体结构主要以上吸力为主，局部有下压力；进行风洞试验的风荷载参数按 100 年一遇风荷载进行；根据 midas 分析结果，单工况风荷载作用下组合应力最大为 20MPa 左右，变形最大为 30mm 左右。

2.5.2.2　极值风压

风洞试验得到的极值风压相当于体型系数、高度变化系数、阵风系数和基本风压的乘积（单位：kN/m^2）。在进行围护结构设计时，可参考试验所得的极值压力进行取值。试验给出的极值压力已经考虑了内压值，结果可直接作为风荷载标准值用于围护结构设计。极值风压是考虑了风压脉动之后的风荷载值，相当于规范中用于围护结构设计的风荷载标准值。对每个测点，可以找出在所有风向下该点出现的风压极值的最大和最小结果。

风洞测压试验结果表明，建筑表面极值风压的变化范围是：$-2.7 \sim 1.6kN/m^2$，极大值位于网壳下部，为 $1.6kN/m^2$，极小值位于网壳中部边缘为 $-2.7kN/m^2$。

风洞试验是确定体型及场地条件比较复杂建筑所受风荷载大小及其分布情况比较成熟的研究手段。本工程根据《建筑工程风洞试验方法标准》的要求进行了风洞试验研究，得到如下结论：

（1）本工程为复杂空间结构且场地条件复杂，在各向风向角下，主要以风吸力为主；

（2）风压力出现在网壳下部与下支座相接的局部位置；

（3）本次试验满足几何相似、来流条件相似等相似条件，试验结果真实可靠，通过试验得到了正确的风压分布情况和极值风压情况，为工程抗风设计提供了可靠依据。

2.5.3　半跨活荷载分析

本工程为单层网格结构，对荷载分布比较敏感，考虑半跨活荷载进行分析。一是通过单工况下半跨活荷载下变形、全跨活荷载下变形、半跨活荷载组合应力、全跨活荷载组合应力进行分析；二是通过最不利荷载组合下半跨活荷载下应力、全跨活荷载下应力、半跨活荷载组合应力、全跨活荷载组合应力、半跨活荷载下应力比、全跨活荷载下应力比进行分析。

从上述半跨活荷载计算得出如下结论：半跨活荷载对结构影响非常小，这是因为本工程自重比较大，活荷载比例比较小，活荷载不利布置形式对结构的影响有限。

2.6 抗震性能化设计

本工程为空间单层网格钢结构,最大斜向跨度83m,横向最大约56m。主体结构由圆钢管相贯焊接而成,钢管材质Q345C,通过山顶和山脚两排支座与地面连接,山脚处支座为铰接,山顶处为铰接,以使主体结构能够满足变形要求。

抗震设防烈度:8度(0.2g)

抗震设防分类:丙类

阻尼比:0.02(大震005)

抗震构造:按8度要求

场地特征周期:0.4s(大震0.45s)

抗震等级:三级

水平地震影响系数最大值:0.16

本工程抗震性能化设计指标:中震弹性,大震不屈服

2.6.1 周期和振型

本工程主体结构为单层网壳,通过对其前十五阶振动形态分析如表2-2、图2-14:

表 2-2 周期对照表

周期	Midas	Pmsap
Mode 1	1.1682	1.13
Mode 2	1.0651	1.01
Mode 3	0.8507	0.82
Mode 4	0.5725	0.51
Mode 5	0.4992	0.45
Mode 6	0.4613	0.40
Mode 7	0.3879	0.37
Mode 8	0.3247	0.30
Mode 9	0.3172	0.27
Mode 10	0.2749	0.25

续表

周期	Midas	Pmsap
Mode 11	0.247	0.24
Mode 12	0.2337	0.23
Mode 13	0.2193	0.22
Mode 14	0.2172	0.21
Mode 15	0.1963	0.20

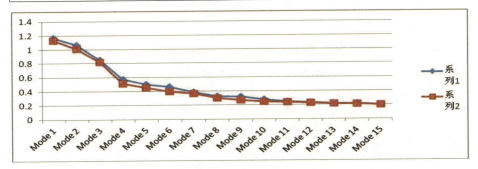

图 2-14　Midas 与 PMsap 周期对照

使用空间梁单元进行分析,结构的地震质量直接加在节点上,其值采用100%的恒载质量加上50%的活载质量。振型分析利用三维模型进行,采用特征值分析方法,总共计算了 36 个振型。

从以上分析可以看出:

(1)振型主要为屋面上下振动,振型比较密集;

(2)主体结构振动符合大跨结构特点;

(3)Midas 与 pmsap 计算周期及振型基本吻合,计算结果可行。

2.6.2　小震时程分析与反应谱分析

选取三条地震波,比较地震波反应谱与规范反应谱,确定选波比较合理(见表 2-3)。

表 2-3　柱脚反力表

地震波	反应谱	时程	比值
Elcentro	1064	1181	1.11
San Fernando	1064	1032	0.97
Northridge	1064	1215	1.14

所选波计算结果满足规范要求:"每条曲线计算结果不小于反应谱法的65%,也不大于反应谱法的135%","多条曲线的平均值不小于反应谱法的80%,也不大于反应谱法的120%"。

当取三条加速度时程曲线输入时,计算结果取时程法的包络值和反应谱法的较大值,为计算方便,将反应谱法计算结果放大1.15倍。

2.6.3 中震分析

将反应谱参数根据中震计算要求进行调整,并放大1.15倍。分析水平地震(中震)作用下变形、竖向地震(中震)作用下变形、水平地震(中震)作用下组合应力、竖向地震(中震)作用下组合应力。

从图2-15可以看出:杆件计算长度平面内1.0,平面外1.6,最大应力比0.98,结构稳定满足要求。

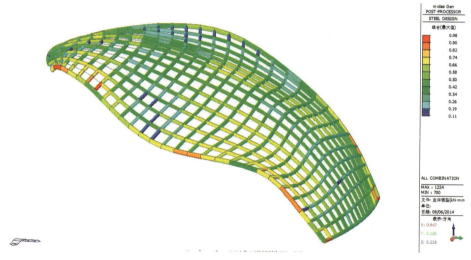

图2-15 最不利组合下计算结果(中震弹性)

2.6.4 大震分析

2.6.4.1 Northridge波大震弹塑形分析

选取Northridge波进行大震弹塑形分析,将波的峰值调整为大震下的参数(见图2-16、2-17、2-18、2-19、2-20)。

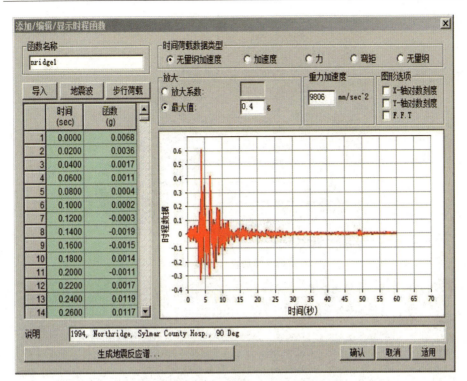

图 2-16　大震下地震波参数

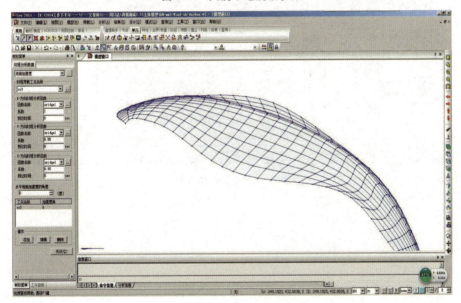

图 2-17　三维地震输入

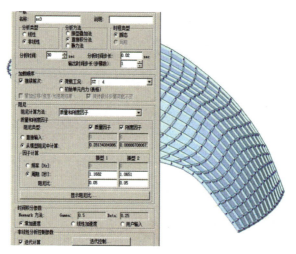

图 2-18 非线性计算控制参数

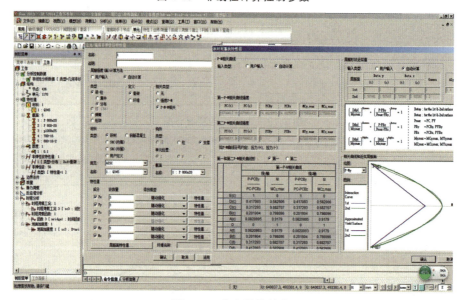

图 2-19 定义铰特性值

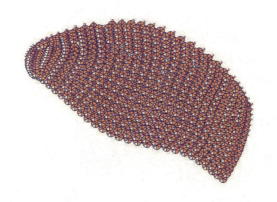

图 2-20　铰布置图

通过对 1～30s 时 D/D1(即塑性铰实际变形与屈服变形的比值)可以分析看出：

(1)塑性铰延性系数 D/D1(即塑性铰实际变形与屈服变形的比值)，均小于 1；

(2)整体单层网壳大震下不屈服。

2.6.4.2　San Fernando 波大震弹塑形分析

将波的峰值调整为大震下的参数(见图 2-21)。

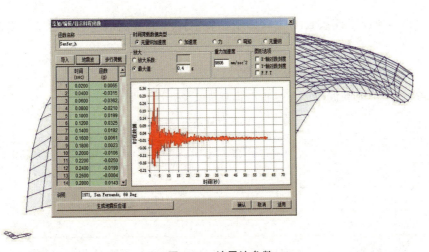

图 2-21　地震波参数

通过对 1～30s 时 D/D1(即塑性铰实际变形与屈服变形的比值)可以分析看出：

（1）塑性铰延性系数 D/D1（即塑性铰实际变形与屈服变形的比值），均小于 1；

（2）整体单层网壳大震下不屈服。

2.6.4.3　Elcentro 波大震弹塑形分析

将波的峰值调整为大震下的参数（见图 2-22）。

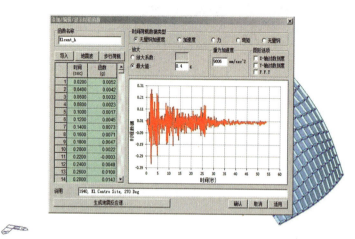

图 2-22　地震波参数

通过对 1～30s 时 D/D1（即塑性铰实际变形与屈服变形的比值）可以分析看出：

（1）塑性铰延性系数 D/D1（即塑性铰实际变形与屈服变形的比值），均小于 1；

（2）整体单层网壳大震下不屈服。

通过三条地震波的大震分析可得到如表 2-4 中数据：

表 2-4　大震计算结果对照表

地震波	D/D1 延性系数	最大变形/mm	最大组合应力/MPa
Elcentro	0.86	299	257
San Fernando	0.82	114	211
Northridge	0.88	264	264

（1）塑性铰延性系数 D/D1（即塑性铰实际变形与屈服变形的比值），均小于 1；

（2）整体单层网壳大震下不屈服，满足抗震性能要求。

2.6.5　行波效应分析

本工程跨度较大,且支座分别分布在山脚和山顶,两排支座间直线距离约83m,考虑到 II 类土,地震波的传播速度,山顶与山脚约有 0.2s 的时差,考虑行波效应进行多点激励输入计算并与不考虑行波效应的计算结果进行比较(见图2-23)。

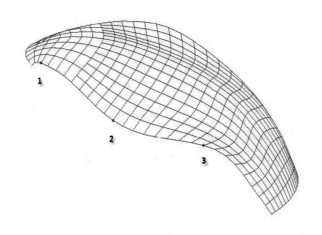

图 2-23　分析点示意

分析 1、2、3 点变形、应力,包括行波效应下 Thmax 和 Thmin 变形,不考虑行波效应下 Thmax 和 Thmin 变形,行波效应下 Thmax 和 Thmin 组合应力,不考虑行波效应下 Thmax 和 Thmin 组合应力,可得出:

(1)行波效应对结构的变形和应力有一定影响,或增大效应或减小效应;

(2)行波效应的影响可控,为方便计算,可以不考虑行波效应。

2.7　主体结构稳定分析

2.7.1　分析说明

对大跨空间结构,由于钢材具有高强、质轻、力学性能良好的特点而处于绝对的主导地位。然而,正是因为钢材强度高,使得钢结构具有截面小、构件细长、易失稳的特点。而随着结构跨度的不断增加,结构安全的控制因素由传统的强度、刚度(变形)转变为体系稳定性控制。因此,对大跨空间结构,尤其是单层网壳结构,其稳定性分析应严格进行。

稳定问题则与强度问题不同,它主要是找出外荷载与结构内部抵抗力间的不稳定平衡状态,即变形开始急剧增长的状态,从而设法避免进入该状态,因此,它是一个变形问题。如轴压柱,由于失稳,侧向挠度使柱中增加数量很大的弯矩,因而柱子的破坏荷载可以远远低于它的轴压强度。显然,轴压强度不是柱子破坏的主要原因。结构发生稳定破坏往往会造成巨大的损失,在结构设计中,强度问题可以通过内力计算、材料试验得到很好的解决,稳定问题则不然,它不仅与构件本身的几何特征、受力状态、应力分布有关,还与整个结构的变形、位移有关系,因而是一个较难的问题。

失稳问题一般可分为两大类,分叉失稳和极值点失稳。第一类失稳是理想失稳状态,实际结构发生的大多是极值点失稳。理论上研究第一类失稳要比研究第二类失稳方便得多,因而常把第二类失稳用第一类失稳来处理。Salvadori和 Heller 在 1963 年出版的《建筑结构》给第一类失稳作了一个形象而生动的阐述:"一根细长的柱子,在端部荷载作用下要缩短,与此同时,荷载位置降低;荷载要降低位置的趋势是一个基本的自然规律。而对弯出去还是缩短的选择,对柱子而言,当荷载较小的时候,缩短容易些;当荷载达到某一数值,弯出去比较容易。换句话说,当荷载达到临界值时,用弯曲的办法来降低荷载位置要比缩短的办法更容易些。"

分析结构稳定的方法有平衡法、能量法和动力法。对于一些常见的构件如轴心受压杆、压弯构件、连续梁、薄板、拱等都能得到比较精确的解甚至解析解。对于整体结构,主要方法有两类:①计算长度方法;②二阶弹性方法。我国现行钢结构规范对于稳定设计的适用范围还基本上限于规则的框架体系。现行规范对于框架结构的稳定设计采用了计算长度概念,基于结构各列各层柱同时失稳的假定可以推导出框架柱的最小屈曲临界力及相应的最大计算长度,所得构件计算长度仅与框架几何和构件截面有关,可以列出计算公式和表格。显然,这样的设计方法对于框架结构是简单实用而又偏于安全的。然而,对于任意空间钢结构体系,现行规范方法将失效。

有文献提出对于可能的各种荷载组合,计算结构的屈曲荷载,从中得到各构件的最小屈曲临界力及相应的最大计算长度。这种方法有两个问题,首先,计算长度与荷载作用有关,计算工作量巨大,很难实现计算的自动化和程序化;其次,柔性空间结构的非线性效应较明显,采用屈曲荷载的线性解计算结构的稳定性可能导致较大的误差。

二阶弹性方法是直接对结构体系进行二阶弹性分析,得到计入结构体系几何非线性的各构件内力,通过验算构件截面的强度来校核结构的极值型稳定承载力。这一方法的缺点是计算工作量巨大,对于缺陷敏感型结构很难保证稳定设计的可靠性。现行空间网壳设计规程对于网壳结构的稳定设计也采用这一方法,但是,稳定验算的准则是计算所得结构的稳定极限承载力与实际荷载之比大于安全系数,以此考虑各种不确定因素包括缺陷的影响。

由于结构整体稳定性影响因素太多,包括结构形式、荷载工况、初始缺陷、几何非线性等,构件的理论屈曲形式和屈曲值只能为整体稳定性计算提供理论依据和屈曲参考值,也还没有出现一种通用性较强的计算整体结构稳定性的方法,因而,目前,研究某一具体结构形式整体稳定性能的最有效也是最可靠的方法还是通过有限元程序得到结构从加载到失稳的荷载位移全过程曲线,从而研究结构的整体稳定性。

结构的整体稳定性设计是大跨钢结构设计的非常重要的一方面,设计控制构件的长细比只能保证构件不发生屈曲,并不能保证结构的整体稳定性。进行整体稳定计算时,特征值屈曲分析能够为非线性分析提供分析的条件,可以对结构整体稳定性能做出粗略的估计,发现结构的薄弱环节。同时考虑几何非线性和材料非线性和初始缺陷的非线性分析得到的荷载位移全过程曲线能够对结构的整体稳定性能有一个全面的了解。

本工程先用 midas 软件进行弹性屈曲分析,得到临界荷载系数,然后用 ansys 有限元程序进行三维双重非线性分析,得到结构从加载到失稳的荷载位移全过程曲线,进一步研究结构的整体稳定性。

2.7.2 Midas 弹性屈曲分析

结构的整体稳定性计算是大跨钢结构设计的非常重要的一面,凡是结构的受压部位或构件,在设计时都应认真考虑其稳定性能。

弹性屈曲是指完善构件从初始理想轴线状态突然过渡到变形状态,是构件固有的基本受力特征的反映。弹性屈曲问题从数学意义上的解释就是齐次线性方程组的系数矩阵的特征值问题,屈曲荷载是特征值,屈曲模态就是对应的特征向量,因此弹性屈曲也称为特征值屈曲。结构的特征值屈曲用结构的线弹性模型来计算。特征值屈曲分析可以对结构整体稳定性能做出粗略的估计,发现结构的薄弱环节。特征值屈曲是构件在理想条件下的最大承载力,它可以作为承载力的上限检验非理想情况下计算得出的构件承载力的正确性,通过特征值屈曲分析可得到结构的各阶屈曲模态及各阶屈曲模态下的弹性屈曲荷载。

本工程用 midas 软件进行特征值屈曲分析,屈曲分析荷载组合为 1.0D+1.0L(见图 2-24、表 2-5)。

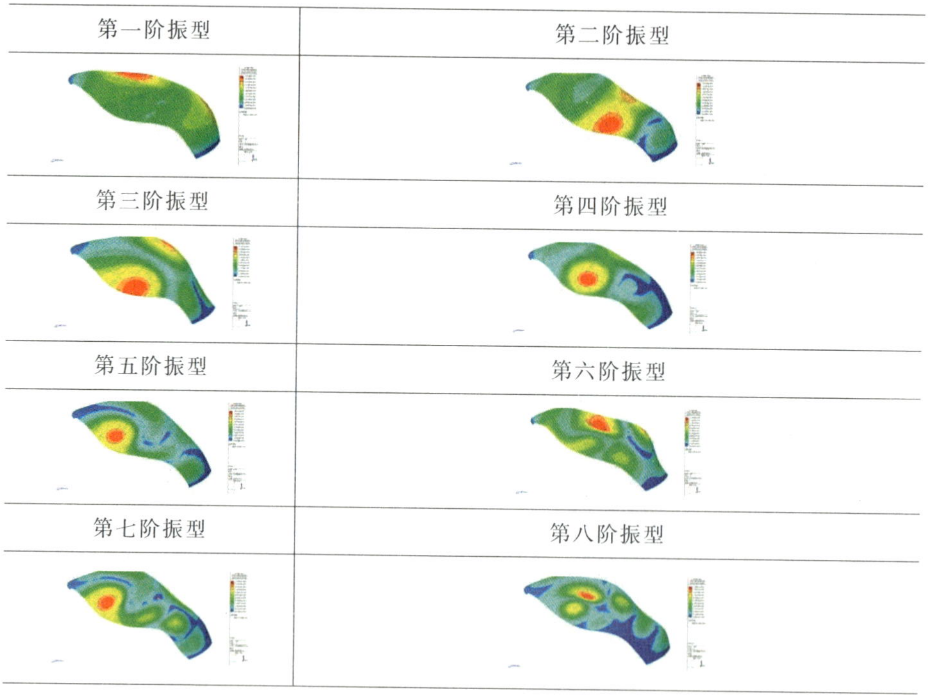

第一阶振型	第二阶振型
第三阶振型	第四阶振型
第五阶振型	第六阶振型
第七阶振型	第八阶振型

图 2-24　前八阶振型图

表 2-5　前 8 阶弹性屈曲临界荷载系数

	弹性屈曲临界荷载系数
第一阶	23.56
第二阶	38.30
第三阶	47.90
第四阶	50.44
第五阶	58.68
第六阶	66.63
第七阶	74.09
第八阶	81.54

从特征值屈曲可以看出:前七阶屈曲均为网壳左右两侧屈曲,是网壳左右两侧受压杆件局部屈服变形,从第八阶开始,网壳中部受压杆件出现屈曲。一阶弹性屈曲临界荷载系数为 23.56。第八阶弹性屈曲临界荷载系数为 81.54,弹性屈曲分析表明:主体结构中部刚度比左右边部刚度大,中部主受压构件屈曲变形比较靠后,中部构件的稳定性能好于左右的边部构件。

Midas 弹性屈曲分析看出:一阶弹性屈曲荷载系数达 23.56,按 midas 分析的网壳稳定性满足要求(见图 2-25)。

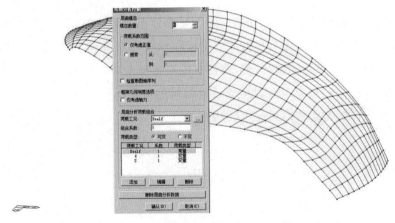

图 2-25　屈曲分析控参数

2.7.3　ANSYS 弹塑性分析

影响结构整体稳定性的因素非常多,包括结构形式、荷载分布、初始缺陷、残余应力、几何非线性等,目前,研究结构整体稳定性能的最有效也是最可靠的方法是通过有限元程序得到结构从加载到失稳的荷载位移全过程曲线,从而研究结构的整体稳定性。

本工程用 ansys 软件进行三维双重非线性分析,计算过程中考虑几何非线性和材料非线性,材料弹塑性发展采用 von Mises 屈服准则和相关的流动法则,并引入混合强化理论。材料的应力-应变关系采用理想弹塑性模型,弹性模量 2.06×10^5 MPa,泊松比 0.28,钢材材质 Q345C。计算时,在 ansys 软件中打开大变形选项以考虑几何非线性对结构分析的影响。结构模型采用弹塑性三维梁单元模拟,荷载-位移非线性曲线极值点和下降段的跟踪使用了 Modified Newton-Raphson 和 Arch-Length 方法。

在 ansys 软件计算迭代过程中,判断迭代已经收敛、误差已在许可范围内,结束荷载子步迭代的判据准则关系到计算量的大小和计算结果的准确程度。为确保结构计算结果收敛,准确得到结构的荷载位移下降段曲线,本书采用力收敛准则。

2.7.3.1　缺陷幅值的影响

用 ansys 对此单层网壳,进行三维双重非线性分析,考虑几何非线性和材料非线性,进行分析时,材料选用理想弹塑形模型,弹性模量 E＝2.06e11,泊松比0.28,钢材材质 Q345C。

进行分析时考虑初始缺陷的影响,一般按屈曲模态的分布形式对整体结构施加初始缺陷。初始缺陷的幅值对整体稳定极限承载力有影响,施加多大的初始缺陷比较合适,需要进行比较分析。通过对模型施加 1/2000、1/1000、1/500、1/300、1/200、1/100、1/50 的初始缺陷来计算结构的极限承载力。

初始缺陷按一阶模态的形式分布(见图 2-26)。

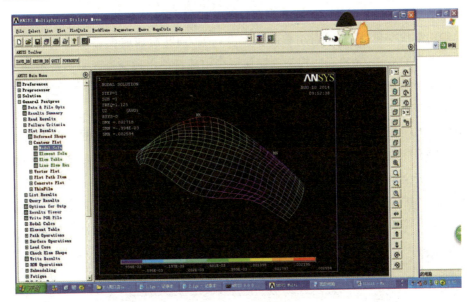

图 2-26 一阶模态图

从图 2-27 可以看出:随着缺陷幅值增加,结构整体稳定安全系数并没有降低。这表明本工程是空间异形网壳,其结构本身就存在着起伏变化,其对缺陷幅值的变化不敏感,按《空间网格结构技术规程》(JGJ 7-2010)第 4.3.3 条"缺陷最大计算值可按网壳跨度的 1/300 取值"可以满足稳定极限承载力计算要求。

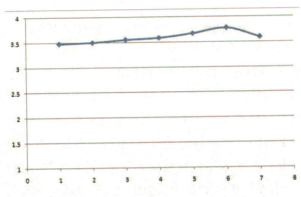

图 2-27 缺陷幅值与稳定极限承载力关系曲线

2.7.3.2 不同模态缺陷分布的影响

按各阶的屈曲模态的分布形式对整体结构施加初始缺陷。初始缺陷的幅值按 1/300 进行计算,计算结果如图 2-28:

从图 2-28 可以看出,本工程不同的缺陷分布形式对结构整体稳定安全系数的影响非常小,这是因为本工程为大跨度单层异形钢网壳,钢网壳本身存在不规则的起伏变化,由于网壳左右部位刚度稍弱,前几阶屈曲模态均是网壳左右部位的空间变形,高阶屈曲模态逐渐使网壳中部杆件出现变形。虽然按不同的屈曲模态给整体结构施加了初始缺陷,但各种情况下荷载–位移曲线表明,虽然缺陷分布有变化,但最终结构不能承担外力达到承载力极限状态均是中部沿山顶山脚方向的主受力杆件达到压弯极限不能继续承载引起的。缺陷分布形式的不同不能改变本结构最终的受力极限状态,因此不同缺陷分布形式对结构整体稳定安全系数的影响非常小。按《空间网格结构技术规程》(JGJ 7－2010)第4.3.3 条"初始几何缺陷分布可采用结构的最低阶屈曲模态"可以满足稳定极限承载力计算要求。为计算方便,本工程可以按一阶屈曲模态形式进行初始缺陷分布。

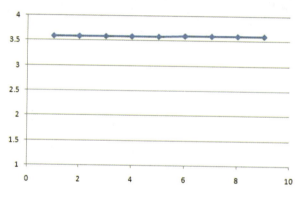

图 2-28　各阶模态缺陷分布与稳定极限承载力关系曲线

2.7.3.3　不同边界条件的影响

当山顶山脚采用弹簧支座时,可以释放掉温度变化对结构的影响,同时弹簧支座对结构的抗震性能有利,但是弹簧支座对整体结构稳定性能影响较大。为考虑弹簧刚度变化对单层异形网壳极限承载力的影响,分析了不同弹簧刚度条件下的整体稳定极限承载力情况,进行分析时考虑初始缺陷的影响,按一阶屈曲模态的分布形式对整体结构施加初始缺陷,初始缺陷幅值按斜向跨度的1/300取值。弹簧刚度按 1000、10000、15000、20000、25000、30000、40000、80000、1000000kN/m 分别进行计算。将不同刚度弹簧支座支撑情况下的结构整体稳定安全系数绘制成图线,如图 2-29 所示。

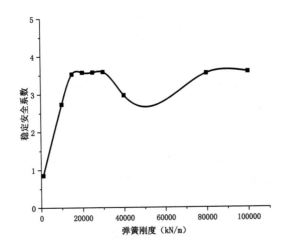

图 2-29　弹簧刚度与安全系数关系曲线

从图 2-29 可以看出,随着支座弹簧刚度的增加,结构的整体稳定极限承载力也随之线性增加,当弹簧刚度大于 10000kN/m 后,其稳定极限承载力趋于稳定,与支座弹簧刚度的大小关系不再密切。支座设置弹簧虽然有利于温度荷载和抗震,但是对结构的整体稳定极限承载力不利,在工程实践中,大于 5000kN/m 的弹簧支座加工制作已经比较困难,对本工程要满足结构稳定要求,其弹簧支座刚度需 10000kN/m 左右,存在加工困难,经济性差等缺点,综合分析后,最终确定本工程选用铰接支座。选用铰接支座不仅保证了结构的稳定性能,同时对结构跨中变形及基础的设计也非常有利。

2.7.3.4　杆件初始缺陷分析

上述分析所考虑的缺陷均为结构整体的初始缺陷,未考虑杆件本身的缺陷,有关研究表明,当考虑杆件本身的缺陷时,结构整体稳定性还将进一步降低。对本工程为考虑杆件本身初始缺陷的影响,通过以下方法进行实现。在 ansys 软件中先施加结构整体初始缺陷,缺陷分布方式按一阶屈曲模态,缺陷幅值按结构最大斜向跨度的 1/300 确定,然后将每一根杆件进行细分,在每一根杆件中部形成一个新的节点,对此节点按杆件长度的 1/1000 施加初始缺陷,杆件初始缺陷方向为杆件所在曲面法向,对施加了杆件初始缺陷的结构进行极限承载力分析,即可考虑整体初始缺陷和杆件初始缺陷的影响。

对本工程,当施加杆件 1/1000 的初始缺陷和整体初始缺陷时,其结构的整体稳定极限承载力仅比施加整体初始缺陷情况下稍降低 2% 左右,说明本工程对杆件本身的初始缺陷不敏感,这是因为本工程不是理想的单层壳体,结构本身存在着高低起伏变化,其整体初始缺陷已经可以考虑杆件本身缺陷的影响。为方便计算,类似工程项目可仅考虑结构整体初始缺陷的影响。

2.7.3.5 稳定分析结论

用 ansys 进行三维双重非线性分析,考虑几何非线性和材料非线性,分析时,材料选用理想弹塑形模型,弹性模量 $E = 2.06e11$,泊松比 0.28,钢材材质 Q345B。

进行分析时考虑初始缺陷的影响,按一阶屈曲模态的分布形式对整体结构施加初始缺陷。初始缺陷的幅值 1/300(见图 2-30)。

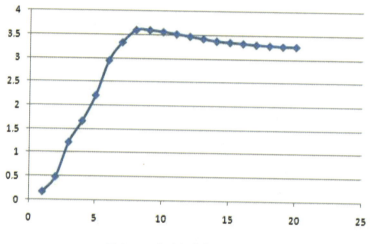

图 2-30　全过程荷载-位移曲线

从图 2-31 看出,网壳典型节点随着荷载增加其变形线性增加,当变形达到500mm 左右时,结构构件逐渐进入屈服状态,随着屈服构件数量的增多,其承载能力不能增加,荷载的微小变化即引起结构变形急剧加大,荷载极值点为设计荷载的 3.58 倍,即结构的整体稳定安全系数为 3.58。满足《空间网格结构技术规程》(JGJ 7—2010)第 4.3.3 条"当按弹塑形全过程分析时,安全系数 K 可取为 2.0"的要求。本工程单层异形网壳整体稳定性满足设计要求。

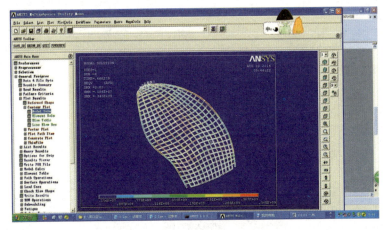

图 2-31　8 子步时组合应力分布图

2.7.4　动力稳定性分析

单层网壳结构的几何非线性效应非常明显,因此其在静力和动力作用下均存在稳定问题。单层壳体结构在强震作用下的动力稳定问题属于结构分析中的前沿课题。本工程为考虑单层异形网壳的动力稳定性能,采用基于结构响应(主要是结构变形)的分析方法。具体操作如下:针对某一特定地震波,以逐步增大的荷载幅值为参数,对每一荷载幅值做非线性动力时程分析,记录结构的特征响应(如最大节点位移),绘制出这些特征响应随荷载幅值变化的全过程曲线,通过曲线变化可全面了解结构随动力荷载幅值增大其动力性状不断变化乃至失稳的全过程。动力失稳的判别原则是,当地震动荷载幅值的微小增量导致网壳结构特征响应指标异常增大时,可视为结构动力失稳,所对应的荷载幅值即为结构动力失稳临界荷载。

本工程动力稳定性能分析采用 Northrideg 波,分析软件采用 ansys,考虑几何非线性和材料非线性的影响。按 1:0.85:0.65 输入三维地震动,动力荷载幅值按 400、500、600、700、800gal 等分别输入计算。最大节点位移取结构振动幅度最大节点在整个动力时程内的最大振动幅值,将时程分析中所得节点最大位移与地震动幅值关系绘制成曲线如图 2-32 所示。由于本工程异形壳为大跨度单层两边铰接支撑结构,其沿纵向跨中部位受到的弯矩最大,在地震动作用下,跨中边部节点的位移响应最大,且在不同加速度幅值下,其变形最大均为跨中边部第 365 号节点,变形主要为向下。

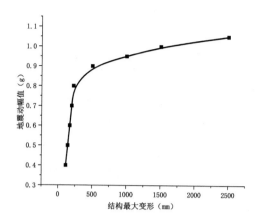

图 2-32　地震动幅值与结构最大变形关系曲线

从图 2-32 看出,时程分析中,结构最大变形随地震动幅值线性增加,当地震动幅值达到 0.8g 左右时,当地震动幅值小幅增加,结构最大变形大幅度加大,可以认为 0.8g 为本单层异形网壳动力失稳临界荷载。

2.7.5　面外计算长度系数分析

在实际工程设计时,为了用软件方便计算构件的稳定承载力,需先确定构件的计算长度系数。构件的计算长度系数与构件两端约束条件有关,在单层异形网壳结构中选取典型构件,在构件两端施加单位力,通过特征值分析功能,得到此构件的屈曲临界荷载,根据欧拉公式进行反算可以得到该构件的面外计算长度系数。图 2-33 为施加单位荷载的典型构件,图 2-34 为典型构件的弹性屈曲荷载。

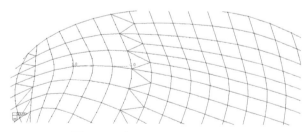

图 2-33　施加单位荷载典型构件

图 2-34　典型构件弹性屈曲荷载

从图 2-34 可知弹性屈曲荷载 $N_{cr}=1330000$kN，钢管截面为 D900×30，$l=3100$mm，$E=206000$MPa，$I=7.767e9$MM⁴。根据欧拉公式（1）进行反算，可得到 $u=1.11$。

$$N_{cr}=\frac{\pi^2 EI}{(ul)^2}$$ 　　　式 2-1

通过对结构中的典型构件施加单位力，用特征值分析方法得到该构件的一阶弹性屈曲荷载，根据欧拉公式反算可得到此典型构件的面外计算长度系数。本工程典型构件的面外计算长度系数为 1.11，按《空间网格结构技术规程》（JGJ 7—2010）第 5.1.2 条规定，选取面外计算长度系数为 1.6 是完全满足本单层异形网壳的设计要求。

周口店遗址第一地点（猿人洞）保护建筑工程主体结构为大跨度单层异形钢网壳结构，其静力稳定性和动力稳定性是本工程设计的重点课题。通过 ansys 软件三维双重非线性极限承载力分析方法，圆满解决了这一难题。对典型构件施加单位力并进行特征值分析以得到构件的弹性屈曲荷载，通过欧拉公式反算得到了构件的面外计算长度系数，为用常规软件进行结构分析提供了取值依据。

（1）本工程单层异形钢网壳为大跨度复杂空间结构，由于其结构本身高低起伏变化，为非理想壳体，经分析发现，其整体稳定极限承载力对缺陷分布形式及缺陷幅值不敏感，按《空间网格结构技术规程》规定选用一阶屈曲模态分布形式并按斜向跨度的 1/300 对结构施加初始缺陷可以满足设计要求。

（2）本工程稳定极限承载力对边界条件比较敏感，为保证结构的整体稳定性应选择铰接支座，且在设计时应重点关注基础的抗推能力。

（3）由于本工程为非理想单层壳体，杆件本身的缺陷对整体稳定极限承载力影响很小，为方便计算可仅考虑结构的整体初始缺陷。

（4）荷载-位移全过程曲线表明，本工程单层异形钢网壳的整体稳定安全系数为 3.58，满足《空间网格结构技术规程》的要求，结构整体稳定性能有保证。

（5）用 ansys 软件进行了结构动力稳定性能分析，本工程动力稳定性能比较好，结构动力失稳时的地震动幅值可达到 0.8g。

（6）用欧拉公式反算得到了典型构件的面外计算长度系数，分析表明按《空间网格结构技术规程》选取面外计算长度系数为 1.6 完全满足结构设计要求。

2.8　基础设计

本工程为单层网壳,水平推力较大,按中震设计地震参数进行荷载组合。

2.8.1　山顶基础

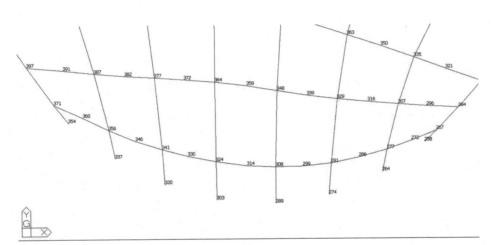

图 2-35　山顶基础节点编号

选取最不利两点 354 和 258,各荷载组合下反力如表 2-6。

表 2-6　支座反力表

编号	荷载组合	X(t)	Y(t)	Z(t)
354	gLCB3	−166.491	179.2846	−78.6187
354	gLCB6	−114.327	75.95029	−110.588
354	gLCB7	−143.06	189.7152	−31.0341
354	gLCB10	−157.871	145.1551	−102.485
354	gLCB11	−175.111	213.414	−54.7525
354	gLCB14	−140.785	108.4665	−116.054
354	gLCB15	−169.518	222.2315	−36.4994
354	gLCB55	−97.3886	246.7048	−12.0263
354	gLCB56	−103.135	269.4578	3.88453

编号	荷载组合	X(t)	Y(t)	Z(t)
354	gLCB57	−115.484	203.2639	−43.2975
354	gLCB58	−121.23	226.0169	−27.3867
354	gLCB59	−173.954	86.10041	−122.043
354	gLCB60	−179.701	108.8534	−106.132
354	gLCB61	−192.049	42.65956	−153.314
354	gLCB62	−197.796	65.41254	−137.404
258	gLCB3	161.452	61.11678	−140.288
258	gLCB6	94.19048	−7.9588	−169.661
258	gLCB7	164.9641	106.2331	−50.0333
258	gLCB10	140.2199	26.8592	−176.176
258	gLCB11	182.6841	95.37436	−104.399
258	gLCB14	116.5027	0.426933	−190.969
258	gLCB15	187.2764	114.6189	−71.3415
258	gLCB55	179.2438	143.7127	−43.0604
258	gLCB56	193.3986	166.5511	−19.1348
258	gLCB57	155.997	101.1541	−88.8797
258	gLCB58	170.1517	123.9925	−64.9541
258	gLCB59	120.8775	−13.7386	−185.181
258	gLCB60	135.0323	9.099804	−161.255
258	gLCB61	97.63073	−56.2971	−231
258	gLCB62	111.7855	−33.4588	−207.074

从图 2-36、2-37 可以看出,山顶位置基岩较浅,山顶 22—24 孔位置附近,条基底可以嵌入基岩 1m,24—25 孔位置附近,基岩稍深,如果要满足嵌入基岩 1m,则开挖较深,可以通过增加预应力锚筋的方法靠基底摩擦力来抵消水平力。

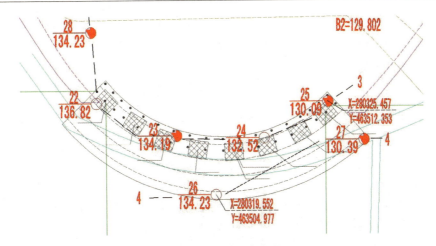

图 2-36　山顶勘探点布置图

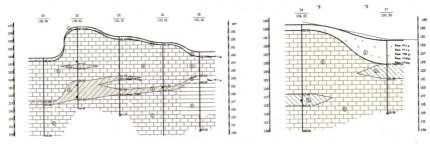

图 2-37　勘探点剖面图

选取 354 点的 gLCB56 组合进行基础设计,水平推力 269t,竖向力 3.8t,按基础宽 2m 进行设计(见图 2-38)。

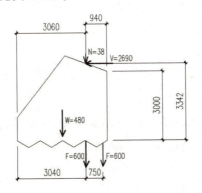

图 2-38　基础计算简图

基础嵌入基岩 1000,抗推面大小为 $2 \times 1 = 2m^2$,假定抗剪破坏面也为 2m,抗剪强度 $\tau = c + \sigma tg\varphi = 60 + 4100 \times 0.36 = 1536kPa$,则岩石抗剪切能力为 $2 \times 1530 = 3060kN$,抗推力达 306t,满足抗推要求。

基础抗倾覆验算:推力引起的倾覆力矩为 $2690 \times 3.342 = 8989 \mathrm{kN-m}$。

在基础一侧 2m 范围内布置 4 根锚杆,锚杆抗拔力 600kN。

抵抗倾覆的能力为 $480 \times 2 + 38 \times 3.06 + 600 \times 2 \times 3.04 + 600 \times 2 \times 3.79 = 9272 \mathrm{kN-m}$

抵抗倾覆的能力能满足要求,基础设计合理(见图 2-39)。

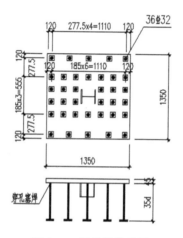

图 2-39　埋件计算简图

根据混凝土结构设计规范,计算预埋件的抗剪能力

$av = (4 - 0.08 \times 32) \times (19.1/360)^{\wedge}0.5 = 0.3312$

$ar = 0.85$

预埋件抗剪能力为 $36 \times 803 \times 0.3312 \times 0.85 \times 360 = 2929 \mathrm{kN}$

抗剪键预估承载能力 $0.7 \times 19.1 \times 300 \times 100 = 401 \mathrm{kN}$

总抗剪能力为 3330kN

剪力约为 $2690 \times \cos 20 - 0.3 \times 2690 \times \sin 20 = 2251 \mathrm{kN}$

抗剪能力大于剪力,抗剪满足要求。

选取 258 点的 gLCB56 组合进行基础设计,水平推力 166t,竖向力 19t(向上),按基础宽 2m 进行设计(见图 2-40)。

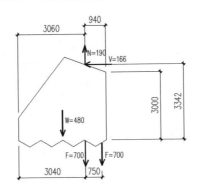

图 2-40 基础计算简图

此处基岩稍深,按上图所示做条基时,基础底面为碎石层,通过锚杆施加预应力,靠基底摩擦力抵抗水平力,锚杆共设置 6 根,锚杆预拉力为 70t,基底碎石摩擦力为 0.4,则抵抗水平力能力为(6×70+48-19)×0.4=179t,抗推力满足要求(碎石自身抗剪能力作为强度储备)。

碎石抗局压能力为 2000kPa,在预应力锚杆作用下局部受压面积约为 4m²,则局部受压承载能力为 800t,抗局压能力能满足要求。

基础抗倾覆验算:推力引起的倾覆力矩为 1660×3.342+190×3.04=6125kN-m。

在基础一侧 2m 范围内布置 6 根锚杆,锚杆预应力 700kN。

抵抗倾覆的能力为 480×2+700×3×3.04+700×3×3.79=15303 kN-m

抵抗倾覆的能力能满足要求,基础设计合理(见图 2-41)。

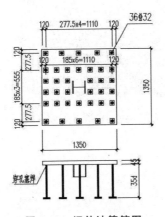

图 2-41 埋件计算简图

根据混凝土结构设计规范 10.9 章,计算预埋件的抗剪能力

$a_v=(4-0.08×32)×(19.1/360)^{0.5}=0.3312$

ar＝0.85

预埋件抗剪能力为 $36×803×0.3312×0.85×360＝2929kN$

抗剪键预估承载能力 $0.7×19.1×300×100＝401kN$

总抗剪能力为 $3330kN$

剪力约为 $1660×\cos20＝1559kN$

抗剪能力大于剪力,抗剪满足要求。

2.8.2　山脚基础

山脚基础设计不再赘述。

2.8.3　基础有限元计算

对山顶基础建立了平面有限元模型和实体有限元模型,对山脚基础建立平面有限元模型(见图 2-42、2-43、2-44)。

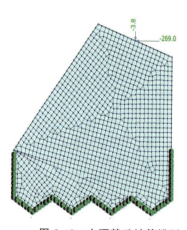

图 2-42　山顶基础计算模型

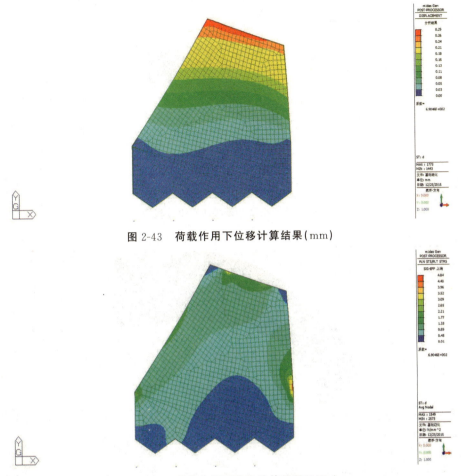

图 2-43　荷载作用下位移计算结果(mm)

图 2-44　荷载作用下应力计算结果(MPa)

从以上分析可知:最大荷载作用下,结构最大位移约 0.29mm,最大应力为 4.84MPa,从图上可知,此最大应力位置分布非常小,应为应力集中所致,结构与基岩连接处,应力基本在 0.4MPa 以下,远远小于岩石的受力能力,结构安全性有保证。

为对平面模型进行验证,对山顶基础建立整体有限元模型。模型如图 2-45、2-46、2-47:

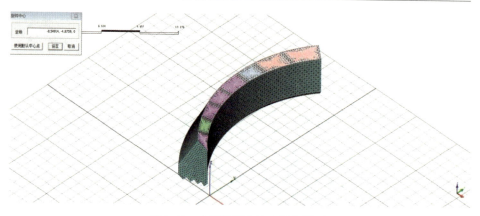

图 2-45　山顶基础实体有限元模型

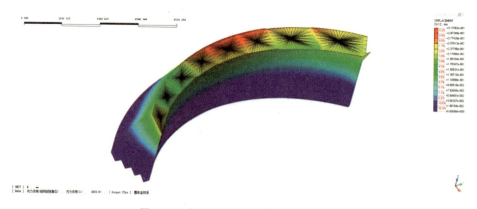

图 2-46　最不利荷载作用下变形(mm)

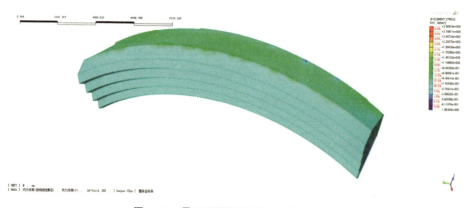

图 2-47　最不利荷载作用下应力(MPa)

通过实体有限元基础整体分析,其最不利荷载作用下,最大变形 0.31mm,与基岩连接部位应力在 0.4MPa 以下,与平面模型计算结果吻合度较好,计算结果表明,抗推基础能满足受力要求。平面模型的计算方法也可以满足计算精度要求。

山脚基础平面模型如图 2-48、2-49、2-50：

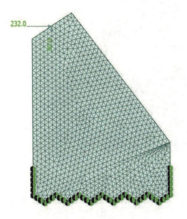

图 2-48　山脚基础计算模型

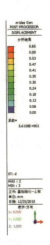

图 2-49　荷载作用下位移计算结果(mm)

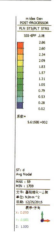

图 2-50　荷载作用下应力计算结果(MPa)

从以上分析可知:最大荷载作用下,结构最大位移约 0.65mm,最大应力为 2.86MPa,从图上可知,此最大应力位置分布非常小,应为应力集中所致,结构与基岩连接处,应力基本在 0.4MPa 以下,远远小于岩石的受力能力,结构安全性有保证。

通过基础有限元分析可知:条形抗推基础整体性强,刚度大,在结构最不利荷载作用下,其变形非常小,能满足网壳结构受力要求,是网壳结构可靠受力边界,基础本身为 C40 混凝土,基础本身受力满足要求,基础与基岩连接处,应力在 0.4MPa 以下,远远小于岩石的强度指标。

本抗推支座的设计安全有可靠保证。

2.9　节点刚性研究

2.9.1　节点刚度假定及包络设计

本工程主体钢结构为大跨空间单层异形网壳结构。节点保持刚接是单层网壳结构成立的前提,单层网壳杆件通过相贯焊接进行连接,理论上与一般结构计算完全刚接假定有一定出入。

当完全采用刚接模型时,在恒定活荷载下,其跨中结构最大竖向变形为140mm。为考虑支管与主管相贯焊接影响,在midas软件中对支管两端节点的刚度进行部分释放,如果考虑70%刚接,则跨中挠度变为159mm,如果考虑为50%刚接,则跨中挠度变为163mm,如果考虑30%刚接,则跨中挠度变为160mm,在上述各假定条件下,跨中挠度最大为163mm,斜向跨度83m,则挠跨比为1/509,小于规范要求的1/400,结构刚度满足要求。

在上述各节点刚度假定条件下,构件的应力比均不超过1.0,结构的强度及稳定满足要求。

2.9.2　相贯节点承载力验算

本工程为圆钢管直接相贯焊接的十字形网格结构,杆件承受较大的轴力和弯矩,特别是平面外弯矩较大,支管在节点处的承载能力由支管的轴力和弯矩综合作用来控制。依据《钢管结构技术规程》(CECS 280－2010)第6章节点强度计算中相关规定,对本工程中相贯焊接的节点进行承载能力验算。能按公式验算通过的,节点刚性可以保证,对局部几个不能验算通过的,采用增加钢管局部壁厚的方式进行加强。

通过 ANSYS 建立典型节点的三维实体有限元模型,模拟节点在最不利荷载工况下的受力性能,考察其应变分布、塑性发展及变形情况。材料为 Q345C,采用理想弹塑性本构关系。网格划分采用六面体单元,网格尺寸为30mm,边界条件为主管底面固定约束。荷载施加方法为在 MIDAS 模型中提取最不利荷载工况下各节点相应的杆端内力施加于节点模型管端面处(见图 2-51)。

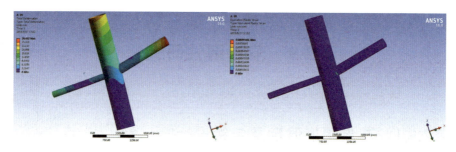

图 2-51 典型相贯节点变形云图及塑性应变图

由典型节点的有限元分析可知,支管处主管本身变形非常微小,保持了较好的刚性,节点等效塑性应变非常小,且塑性发展区域非常小,主要是由于应力集中引起的,节点刚度及承载力均满足要求。

2.9.3 监测结果分析

本工程进行了全过程监测工作,对网壳成型、卸载、工作状态下的受力和变形进行了全过程跟踪,取得了丰富的数据。对该工程现场监测结果分析发现:结构成型后,当温度出现变化时,网格本身会有相应的变形发生。选取某天的最高温度减去合拢温度可得到温差,由此温差可以理论计算结构的变形,同时可通过监测数据得到合拢温度和某天最高温度下的变形,此变形之差值就是温度作用下结构的变形值,此结构变形值与支管70%刚度假定的计算结果比较接近,对类似工程项目可以按支管70%刚度假定进行计算(见表2-7)。

表 2-7 监测点位变形结果   单位:mm

刚度假定	100%	70%	50%	30%
理论值	3.00	3.10	3.50	3.70
监测值		3.15		

周口店遗址第一地点(猿人洞)保护建筑工程为两端支撑大跨单层异形钢壳结构,由大直径弯曲圆钢管相贯焊接形成,科学合理确定单层网格结构节点刚度是相贯节点研究的前沿课题。相贯节点的实际刚度与完全理想刚接假定有一定出入,如何科学合理考虑刚度差异关系到整个主体结构设计的安全性和经济性。

(1)在本工程设计中为充分考虑节点刚度差异对结构本身安全的影响,采用对支管节点刚度进行部分释放的处理方法,按包络设计思想考虑节点刚度差异对结构本身造成的受力影响,取包络值进行设计。

(2) 本工程通过有限元对典型节点进行了数值分析,表明节点刚度和承载力均满足设计要求。工程设计中依据《钢管结构技术规程》(CECS 280-2010)第 6 章节点强度计算中相关规定进行节点承载力计算校核。

(3) 实际监测数据结果说明,按 70% 刚接假定进行工程计算比较符合本项目实际,可以为类似工程结构提供参考。

第3章 结构施工

3.1 大直径厚壁圆钢管构件加工

3.1.1 工艺简介

随着建筑技术的发展,大跨度空间网格结构广泛应用于各种类型的建筑。管型构件因其各向受力性能均衡,造型优美,越来越受到复杂造型设计师的青睐。与此同时,管型构件的造型越来越复杂,壁厚越来越大,常规的加工工艺难以满足设计需求,如何提升管型构件的加工制造水平是一个亟待解决的难题。本书介绍了一种连接不同平面变曲率圆弧的大直径厚壁钢管中频煨弯加工技术,并已应用于工程实践,取得了良好的效果。

以周口店北京人遗址管理处第 1 地点(猿人洞)保护建筑钢结构工程构件加工为例,对此项加工技术进行阐述。本项目位于世界文化遗产、国家 AAAA 级景区周口店北京人遗址公园内,依照山势匍匐而建,是为猿人洞搭设的具有遮阳避雨功能的室外构筑物。其为单层网格结构,最大投影跨度为 79m,主要采用大直径厚壁钢管材料,最大构件截面为 PIP1100×55mm。径向主管为空间任意状态的变曲率圆弧,常规的定曲率圆弧弯曲或者双曲线多点拟合的加工方法难以满足施工需要。

现有中频加热弯曲工艺的设备仅能够加工定曲率单弧线构件,在 1100×55mm 大直径厚壁管上加工连续圆弧力不从心,转折点处还无法直接在设备上实现。

如图 3-1 所示构件,其集成了四段不同直径的空间任意状态的圆弧,相邻的各段圆弧仅在端点有共点。

现有钢管弯曲加工设备主要有:中频热加工设备、压力机冷压弯曲设备。

无论是热加工还是冷弯曲都是基于一个工作平面,设定弯曲固定半径,使得管件局部受力,沿固定半径圆弧线路径逐点改变方向,从而达到弯曲的目的,也就是说设备提供了平面弯曲的方法。限于固定卡具和设备空间的要求,弯曲后的钢管无法再进入工作台二次弯曲,因此,一根直线钢管加工多段半径的连续圆弧,必须由一端开始加工依次弯曲到另一端结束,不能进行二次弯曲。现有加工工艺主要是各圆弧段的阐述,对于连续弧线往往采用分段加工后再焊接连接的方法。对于大直径厚壁钢管,连续弧线中每一段的弧长较小,若采用焊接的方法连接,不利于构件的安全性,也不经济。

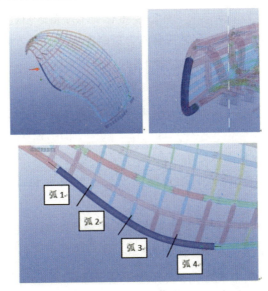

图 3-1　多变曲率构件

基于中频煨弯设备平台进行工艺研究。首先对拟加工构件的空间形态特点进行分析,研究相邻两段圆弧中心线的空间关系以寻求突破。两段弧在交点处共点,此点为各弧所在圆上任意点。若固定共点为基准点,可将该点视作自由度为 3 的万向轴,相邻两个圆弧所在的平面围绕该点可做任意绕 X 轴、Y 轴、Z 轴的运动,无确定的相对关系。两个不同面的圆弧在基准点处进行了转折,这个转折在实际折弯过程中,就是对钢管进行了一个小弯曲半径的弯曲。这个弯曲所在的平面与原有弧的两个平面之间存在一定的位置关系。

3.1.2　构件加工工艺

构件加工设备为常见的中频热弯设备,主要实现了在平面内定半径定弧长的圆弧构件的加工制作。加工流程如下。

（1）选定构件加工方向，以加工时钢管运行方向为 Z 向负方向，设定制成弯弧向设备出管方向右侧弯曲（此与 5 回转固定半径杆与设备的布置有关），此为 X 轴正方向，根据右手坐标系确定铅锤向上为 Y 轴正方向。XY 平面为弯管制作设备中圆管截面。XZ 平面为设备工作平面。

（2）在设备工作平面内按照图纸标注半径 R1 制作圆弧 1（成品向右侧弯曲）。圆弧 1 弯曲长度为圆弧 1 长度减去圆弧 3 长度的一半。

（3）如图所示改变 5 回转固定半径杆的位置到圆弧 1 制成品的末端，调整 5 回转半径杆的长度为圆弧 3 的半径。参照右手坐标系法则（即右手拇指方向与设定的 Z 轴正方向相同，握拳时其余四指指向定为逆时针方向），以未加工圆管为轴，通过调节支点 6 的高度和位置，逆时针旋转角度 θ1。

（4）加工圆弧 3，半径为 R3，圆弧 3 弧长为 R3×θ3。

（5）如图 3-2、3-3、3-4、3-5、3-6 所示改变 5 回转固定半径杆的位置到圆弧 3 制成品的末端，调整 5 回转半径杆的长度为圆弧 2 的半径 R2。参照右手坐标系法则（即右手拇指方向与设定的 Z 轴方向相同，握拳时其余四指指向定为顺时针方向），以未加工圆管为轴，通过调节支点 6 的高度和位置，逆时针旋转角度 θ2。

（6）在工作平面内按照图纸标注半径长度制作圆弧 2，起点在圆弧 3 末尾，长度为圆弧 2 长度减去圆弧 3 长度的一半（成品向右侧弯曲）。

（7）检验校核，加工完毕。

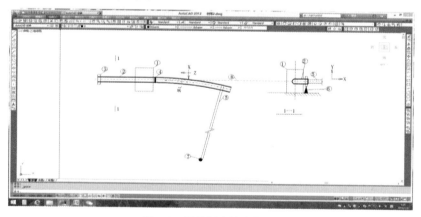

图 3-2　操作平台流程图一

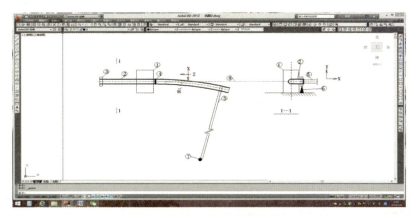

图 3-3 操作平台流程图二

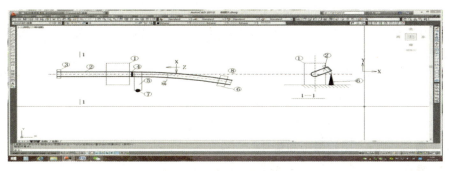

图 3-4 操作平台流程图三

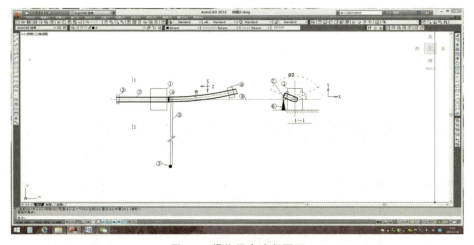

图 3-5 操作平台流程图四

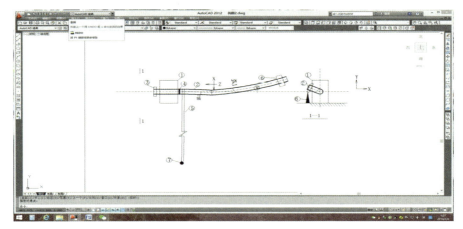

图 3-6　操作平台流程图五

①中频加热设备,②被加工钢管,③直线段固定卡具和推进器,④中频加热区,⑤弧线段固定卡具和回转固定半径杆,⑥可调节高度可移动支点,⑦回转圆心,⑧回转轴线

构件校验方法:校验分为两部分,一是对各段圆弧尺寸的校验,二是对圆弧衔接处加工质量的校验。

各段圆弧主要校验数据:

● 内外弧长(图示弧 1 和弧 2)

● 中心线弦长(图示 BO、AO、AB)

● 中心线矢高

● 两段弧中点的距离,主要用于判断弧的方向

圆弧衔接处主要校验数据(见图 3-7):

● 两段圆弧远离衔接处端点距离

● 单段圆弧放平时另一段圆弧远离衔接处

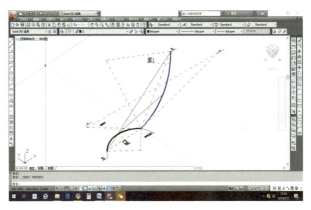

图 3-7　校验数据图示

3.2　带相贯口和坡口的弧形钢管构件加工

目前弧形钢管构件相贯口无自动化切割设备,少量贯口切割采用先煨弯钢管,然后人工放样,切割打磨的加工工艺。或者采用先进的六轴机械臂批量切割,但是需要先手工放样,一个贯口放样一次,复制学习一次后,批量加工单一的贯口,适合于批量生产同一参数的构件。两种方法都无法高效率地切割加工不同参数的弧形钢管相贯口。

当前的数控火焰切割相贯口加工可以实现不同角度的直钢管构件相贯口的自动切割,管径可以达到 1600mm,可以满足施工需求。

在当前设备的基础上,研发了先切割相贯口后煨弯的加工技术,实现了带相贯口弧形钢管构件的加工技术。

此技术适用管径 800mm 以上,可以满足内部焊接,若冷弯可以加工,可直接进行冷弯加工,相贯切割管径可以达到 1600mm。

加工流程如下:

流程一:直钢管(见图 3-8)

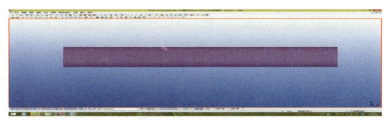

图 3-8　被加工钢管构件

流程二:相贯线切割(见图 3-9)

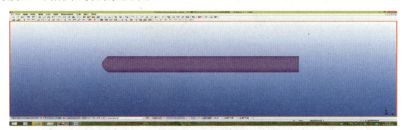

图 3-9　被加工钢管构件切割相贯口

在相贯口加工设备上加工相贯口,相贯口的参数确定如下:

主管的直径:按图纸要求设定

支管的直径和壁厚:按图纸要求设定

主管和支管的夹角:支管在相贯口位置点的切线与主管相交的夹角

坡口:按图纸要求设定

流程三:辅助锚固端头(见图 3-10)

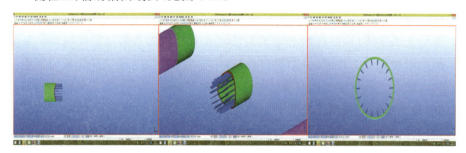

图 3-10　辅助锚固端头

选用与被加工构件同直径同壁厚的钢管,长度大于管径。按照流程二参数切割相贯口,选用被加工构件端口形状相反的一端。在钢管内壁焊接固定钢板,厚度不小于钢管壁厚且不小于 10mm,形状如图示。数量不少于 8 块,等距离环形分布。整个钢板的加固强度,满足钢管等截面代换要求。如可以选用 45°夹角 8 块,20°夹角 18 块,15°夹角 24 块等。

流程四:辅助锚固端头与管件连接(见图 3-11)

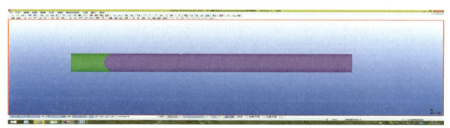

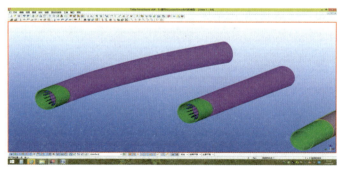

图 3-11　辅助锚固端头与管件连接

将锚固端头与被加工件连接,相贯口无间隙对接。焊接固定钢板与被加工件。

流程五：中频弯曲管件（见图 3-12）

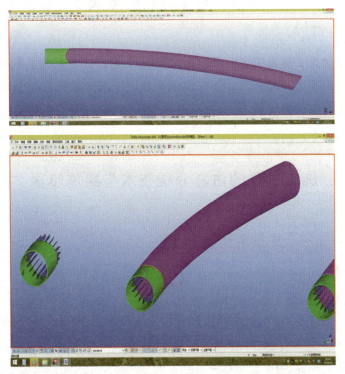

图 3-12　将卡具固定在锚固端头上，进行中频煨弯

流程六：去除辅助锚固端头（见图 3-13）

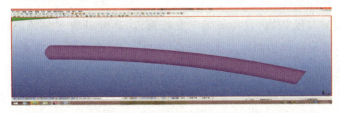

图 3-13　切割锚固端头内的固定钢管与被加工钢管的连接

弧形钢管两端相贯口的构件，与一端相贯口的构件方法相同，设置两个辅助锚固端头即可。

3.3 结构施工技术

网格结构为了体现贴合山体起伏的地势,在局部区域采用了下沉构造。这个区域对结构受力和施工产生了巨大的影响。下沉区域杆件受力明显区别于正常的拱形网格受力区域,施工过程对这个区域的变形控制、精度控制和支撑体系要重点分析。

3.3.1 施工过程的仿真分析技术与实施步骤

3.3.1.1 仿真计算概要

(1)荷载。

①自重。

②脚手架自重:300kg/m,即径向管承受线荷载 3kN/m。

(2)支撑。

①标准节底部:简支受压约束 。

②网壳两端支座:固定铰支座。

③节点弹性支撑。

由于支架高度较高,且缆风置于支撑顶部,因此计算支架顶部由缆风提供侧向刚度。缆风提供侧向刚度为 40/8＝5kN/mm,缆风按 45 度考虑,采用弹性节点支撑模拟,考虑横向侧向刚度为,5kN/mm/$\sqrt{2}$＝3.54kN/mm。

结构整体卸载过程计算,共 13 个标准节,标准节竖杆截面为 D108×12,横杆和斜腹杆为 D60.3×8.1,按照要求,对标准节进行编号。

3.3.1.2　实施步骤概要(见表 3-1)

表 3-1　实施步骤概要

阶段	施工阶段模型图	仿真分析		现场实施
吊装步骤 1				
说明		最大应力比 0.20	Z 向最大位移为 27.2mm	
吊装步骤 2				
说明	初步稳定	最大应力比 0.21	Z 向最大位移为 27.4mm	
吊装步骤 3				
说明		最大应力比 0.61	Z 向最大位移为 104mm	
吊装步骤 4				
说明		最大应力比 0.69	Z 向最大位移为 100.5mm	

阶段	施工阶段模型图	仿真分析		现场实施
吊装步骤5				
说明		最大应力比 0.74	Z 向最大位移为 123mm	
吊装步骤6				
说明		最大应力比 0.74	Z 向最大位移为 127.9mm	
吊装步骤7				
说明		最大应力比 0.80	Z 向最大位移为 125.56mm	
吊装步骤8				
说明		最大应力比 0.795	Z 向最大位移为 121.80mm	
吊装步骤9				

续表

阶段	施工阶段 模型图	仿真分析		现场 实施
说明		最大应力比 0.872	Z 向最大位移为 122.06mm	
吊装步骤 10				
说明		最大应力比 0.785	Z 向最大位移为 115.95mm	
吊装步骤 11				
说明		最大应力比 0.858	Z 向最大位移为 115.7mm	
吊装步骤 12				
说明		最大应力比 0.669	Z 向最大位移为 176.70mm	
吊装步骤 13				
说明		最大应力比 0.729	Z 向最大位移为 176.84mm	

阶段	施工阶段模型图	仿真分析		现场实施
吊装步骤14				
说明		最大应力比 0.698	Z 向最大位移为 113.21mm	
吊装步骤15				
说明		最大应力比 0.678	Z 向最大位移为 108.96mm	
吊装步骤16				
说明		最大应力比 0.684	Z 向最大位移为 118.67mm	
吊装步骤17				
说明		最大应力比 0.699	Z 向最大位移为 115.71mm	
吊装步骤18				

阶段	施工阶段模型图	仿真分析		现场实施
说明		最大应力比 0.606	Z 向最大位移为 79.87mm	
吊装步骤 19				
说明		最大应力比 0.890	Z 向最大位移为 67.06mm	

3.3.2　特殊构件吊装技术

3.3.2.1　"丰"字形构件的拼装和吊装

(1)"丰"字形构件的设计

利用次杆件和主杆件截取一部分组合后,作为两个硬支点间的横梁。截取的主杆件长度满足规范规定的节点区外分段的最小长度。整个"丰"字形构件的承载力经核算满足在施工过程中主杆件吊装过程形成的负载。

(2)"丰"字形构件的拼装

次杆件和被截取的主杆件在工厂分别加工。在场地内搭设拼装胎架,根据几何位置关系,设置相对居中的主杆件和次杆件形成的平面作为拼装平面,使得拼装后"丰"字形构件相对于地面的高差起伏不大,便于拼装、焊接等操作。根据模型得到的各特征点坐标作为控制依据来定位"丰"字形构件。

图 3-14 构件现场照片

地面拼装步骤：

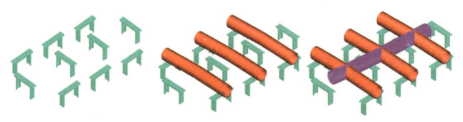

图 3-15 构件拼装示意

准备好拼装胎架→先在拼装胎架上将主杆定位→再用次管将主管连接形成整体

（3）"丰"字形构件的吊装

首先确认"丰"字形构件的重心位置，根据重心位置设置吊索具的长度，并设置两个调节空间位置的倒链。吊装就位后以"丰"字形构件所有主杆件的端口特征点坐标进行空间定位（见图 3-16）。

图 3-16　构件现场吊装

3.3.2.2　纵向主杆件的拼装和吊装

纵向主杆件的长度最长达到 39m,在工厂分段加工后,需在现场进行拼装。

搭设拼装胎架:

使用槽钢、角钢等制作门式支撑架,根据吊装单元端部和中间部位(或者曲率变化大的部位)形成平面作为拼装平面,减小胎架的高度和用量,方便作业。将吊装单元的设计坐标系转化为拼装坐标系,得到拼装用控制特征点的坐标。根据控制特征点来定位吊装单元。径向主杆拼装时,地面设置拼装胎架,胎架预先在地面测量定位,通过模型确认胎架位置网壳杆件三维坐标调整胎架位置及高度,杆件拼装时通过杆件对接接口控制点调整拼装精度(见图 3-17)。

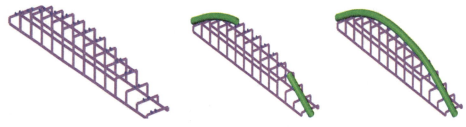

图 3-17　主构件拼装示意

吊装单元的吊装,主要使用双塔抬吊,有利于杆件的空间位置调整和吊装过程的平稳(见图 3-18)。

图 3-18　双塔抬吊

3.3.2.3　单层网格施工测量精度控制

单层网格安装精度控制涉及的几个方面有:测量仪器,组拼和吊装过程坐标系的转换,加工阶段、吊装阶段、卸载前后和后续面板施工阶段控制点的一贯性等。

3.3.2.4 测量技术

控制点：

因现场地貌复杂，植被茂盛，特选用多控制点附和导线测量技术布设控制点（见图 3-19）。

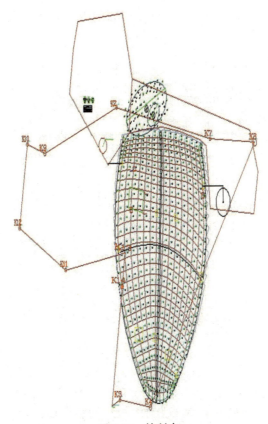

图 3-19 控制点

吊装精度控制方法：

现场吊装测量的方法为全站仪直接投点测设的方法。构件测设点为拼装阶段标识的点位。

卸载位移控制方法：

卸载过程的位移检测点选在支架顶部，以支架顶部为参照点测量杆件与参照点之间的距离。

3.3.3 位移监测技术

网格结构位于文物正上方,为了检验网格结构在施工和使用过程中对文物的影响,特别设计了一套监测方案。

网格结构在施工过程中应该监测的位置有:支架上部钢管监测点见图 3-20,挠度相对大位置监测点见图 3-21,使用阶段应力相对大位置监测点见图 3-22,施工过程中应力相对大位置监测点见图 3-23。

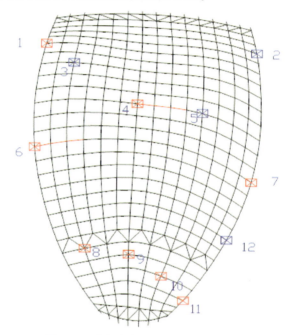

图 3-20 支架上部钢管应力应变监测点

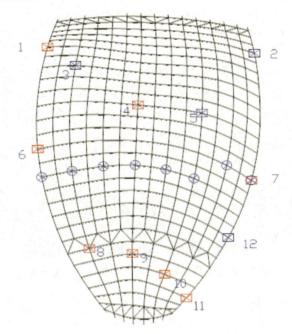

图 3-21　挠度相对大位置应力应变监测点和位移监测点

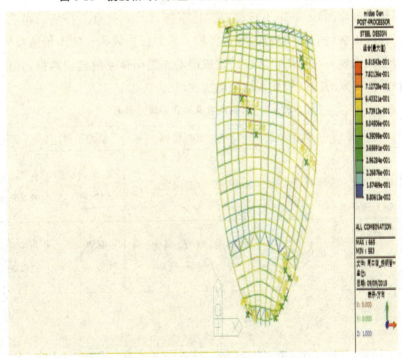

图 3-22　使用阶段应力相对大位置应力应变监测点

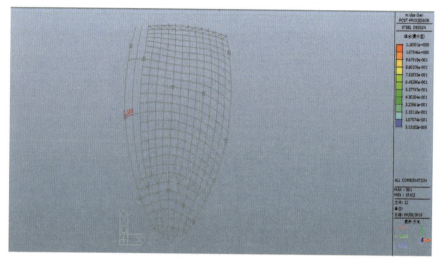

图 3-23　施工过程中应力相对大位置应力应变监测点

3.3.3.1　施工场地及周边环境监测

施工场地及周边环境监测是通过对施工场地环境温度、湿度、风速风向、施工现场振动等监测,了解施工过程对遗址本体以及原有自然环境的影响程度;保护工程竣工前后的环境对比,评价保护工程的保护效果。施工场地及周边环境监测手段主要是利用周口店已经建成的动态监测体系的监测数据,并且通过与文物保护专家的沟通增加现场振动监测(见表 3-2)。

表 3-2　监测需求及监测手段一览表

序号	监测对象	监测类型	监测指标	监测手段	备注
1	第 1 地点本体及环境	本体稳定性	裂隙、应力应变	裂缝计、钢筋计	利用现有监测系统数据
		环境监测	温度、湿度、风速、风向、总辐射、气压	一体化气象站	利用现有监测系统数据

序号	监测对象	监测类型	监测指标	监测手段	备注
2	第 1 地点施工现场	图像监测	图像	工业相机	
		施工现场振动监测	剪切波加速度	一体化加速度计	

3.3.3.2　施工过程安全监测

施工过程安全监测是通过安装在施工现场、塔吊、建筑基础和保护建筑体上的监测设备,实时获得与保护工程施工安全相关的数据,第一时间发现安全隐患,确保施工安全。主要包括:塔吊安全监测、建筑基础沉降监测、施工过程中临时建筑体稳定性监测、钢结构建设全过程稳定性监测等(见表3-3)。

表 3-3　监测需求及监测手段一览表

序号	监测对象	监测类型	监测指标	监测手段	备注
1	保护建筑地基	地基稳定性监测	沉降	光纤式静力水准仪	
			变形	光纤应力应变计	
2	临时建筑体(胎架)稳定性监测	钢结构稳定性监测	变形	光纤应力应变计	
			倾斜	倾角计	
3	施工过程保护建筑钢架结构	钢结构稳定性监测	变形	光纤应力应变计	
			位移	位移计	
4	塔吊	重型工程设备监测	倾斜	倾角计	

3.3.3.3　建筑安全长期监测

建筑安全长期监测包括:保护建筑自振监测、建筑基础沉降监测、保护建筑稳定性监测和种植槽压力监测;是通过安装在建筑基础和保护建筑上的监测设备直接获取相关的实时数据,通过阈值和辅助决策分析系统能够及时发现各种隐患,防微杜渐确保建筑安全;此工作是一个长期的监测过程,整个监测将贯穿建筑物整个生命周期(见表 3-4)。

表 3-4　监测需求及监测手段一览表

序号	监测对象	监测类型	监测指标	监测手段	备注
1	竣工后保护建筑主体	稳定性监测	位移	位移计	
			顶部升降位移	激光测距	
2	竣工后保护建筑主体	保护建筑自振监测	自振频率	一体化加速度计	利用现有设备
3	种植槽	种植槽土压力监测	承重量监测	土压力计	

3.3.4　建设及使用中的位移应力变化分析

对吊装完毕后的数据、焊接完毕后的数据、卸载完毕后的数据、屋面完毕后的数据位移应力变化结果进行分析。

3.3.4.1　钢结构稳定性监测

周口店第 1 地点(猿人洞)保护建筑主体钢结构稳定性根据专家的确认,共设计 10 个监测点。主要利用安装在主体钢梁本体的 4 个 BGK-FBG-4000T 光纤光栅表面应变计和安装在底部的 1 个 YF-YJA100 型激光测距传感器实现(见图 3-24)。

图 3-24　监测仪器布置实例图

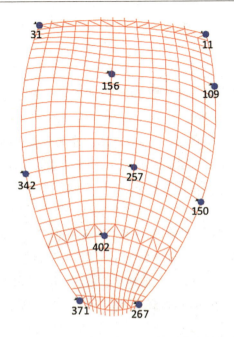

图 3-25　监测点分布图

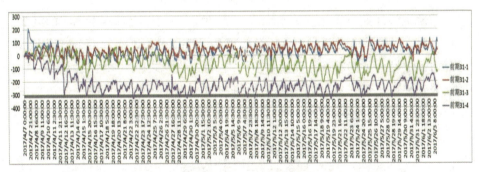

图 3-26　前期 31 监测点应变趋势图($\mu\varepsilon$)

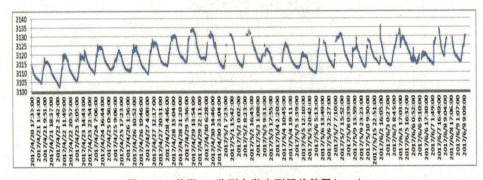

图 3-27　前期 31 监测点激光测距趋势图(mm)

图 3-26、3-27 为 31 号点应力应变变化曲线,其余钢结构监测点位的应变变

化和位移变化与 31 监测点相近,钢结构应变表现有受压、受拉,也有表现为无变化,垂直位移量有抬升、下沉,也有保持不变。应变与位移在变化时间上有相互关联。

钢结构应变监测为钢梁水平方向沿钢梁方向应变变化。钢梁主结构较复杂,钢梁的形状不规则,各方向受力不相同。钢结构整体搭设完成后进入稳定期,其应变变化趋于稳定。而钢结构变形监测采用激光测距实现钢梁监测点位与地面固定点之间垂直距离测定,根据距离的变化,确定钢梁竖直方向变形大小。

在施工期间钢结构变形受到影响,中部有沉降,两侧有微量抬升,形变量均较小。

在临时支撑结构(胎架)拆除后,主体钢结构将只受到自身重力作用,随之而来的是钢结构的应变量和变形量将在当前测量值的基础上发生变化,目前从变形及应变测量数据表可以看到整体数据相对稳定,没有大的波动。这些监测数据将作为下一阶段监测的基础数据,为监测钢结构稳定性变化提供数据支撑。

3.3.4.2 基础墩沉降监测

基础墩沉降监测采用静力水准仪实现,监测基础墩与基准点之间的沉降,以此来确定其位移变化量。在保护建筑顶部设立 1 个基准点和两个监测点,在底部山体上设立 1 个基准点和 3 个监测点,通过光纤式静力水准仪对保护建筑从建成到卸荷过程中基础沉降的变化进行实时监测。静力水准仪选用 BGK-FBG-4675 型光纤光栅静力水准仪实现(见图 3-28、3-29、3-30)。

图 3-28　**监测点位分布图**

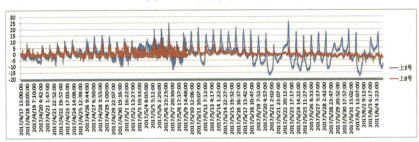

图 3-29　**山上基础墩沉降趋势图**（mm）

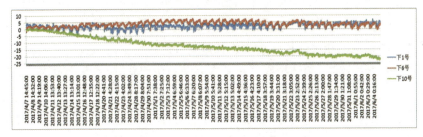

图 3-30　**山下基础墩沉降趋势图**（mm）

山上基础墩 3 号和 8 号沉降呈以日为周期的波动变化，且 3 号基础墩日波动量较大，最大日变化量达 38.754mm。3 号基础墩沉降基本在 0 附近往复，整体基本无变化。8 号基础墩沉降在 5 月底前也在 0 附近往复，5 月底后逐渐降低，表现为沉降，沉降量约 2mm。山上基础墩 3 号的日变化量明显大于 8 号，但仍呈周期性变化。

山下基础墩沉降也为以日为周期的波动变化，日波动量相近；1 号基础墩沉降变化较小，基本保持稳定；6 号基础墩先略有抬升，抬升量约为 4mm，后逐渐恢复；10 号基础墩呈持续下沉状态，沉降量约为 22mm。

山下基础墩 10 号沉降量较大，平均沉降速度为 0.4 mm/d，需密切关注，基础墩整体表现为西侧受压，且山下受力位移更大，基础沉降量均在标准允许范围，静力水准可监测到基础墩的微小位移。

后续持续监测表明，基础墩沉降均趋于稳定，将现场基础墩变形数据加入到原结构进行核算，原结构能够满足受力要求。

3.3.4.3　卸载过程监测

随着周口店保护建筑工程建设项目建设的推进，4 月 25 日主体钢结构整体焊接完成。经过保护工程监测系统连续近 3 个月的实时监测，相关专家对监测数据进行了细致分析，期间专门召开了主体钢结构稳定性相关论证会。6 月 30

日组织各方面相关专家对工程进行实地勘察,并召开现场工作会。7月12日经过监理会讨论后决定7月14日开始对钢结构临时支撑(胎架)进行卸载拆除。7月13日施工单位召开钢结构卸载工作动员会,会上对卸载工作的推进进行了详尽的部署。7月14日钢结构卸载工作正式展开。7月17日卸载工作全部完成,拆卸工作也基本完成。

钢结构卸载监测是施工过程安全监测的核心工作之一,为了保证监测数据真实、有效,我公司专门成立技术支持小组。技术支持小组现场支持技术人员在7月13日到达现场。从7月14日卸载工作开始到7月17日卸载工作全部完成,在现场技术人员和后方数据观察人员的共同努力下,监测系统完整记录卸载过程中钢结构相关数据的变化并且保证数据的真实、有效。

胎架完全拆除后,钢结构变形量基本趋于稳定变化,钢结构整体稳定;胎架拆除对基础墩变形影响较钢结构影响滞后,基础墩在7月16日有所表现,山下10号发生沉降,约2mm,17日后逐渐稳定;1号墩在7月16日呈沉降,沉降约2mm,后逐渐回升,基本恢复拆除前状态;6号墩则为逐渐抬升,17日趋于稳定,抬升约3mm。

钢结构和基础墩的变形监测实现了施工过程的完整记录,为施工的进行和建筑的安全提供了科学准确的参考和指导,并为其后的施工和建设提供基础资料和宝贵参考经验。

对于保护工程第一阶段施工过程安全监测在施工及建筑状态上基本已结束,但由于胎架拆除后建筑需要一定的缓冲和稳定时间,对于第一阶段的监测数据仍需继续观测,直至数据完全稳定,监测数据过渡至下一阶段——建筑体安全长期监测。

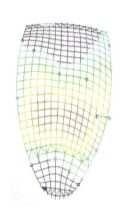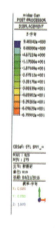

图 3-31　卸载前钢结构 Z 向位移验算图

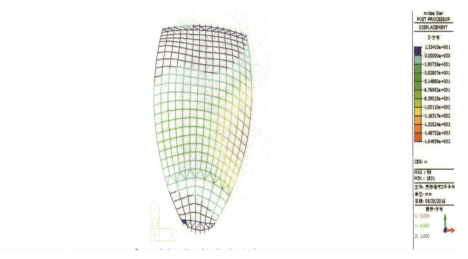

图 3-32　完全卸载后钢结构 Z 向位移验算图

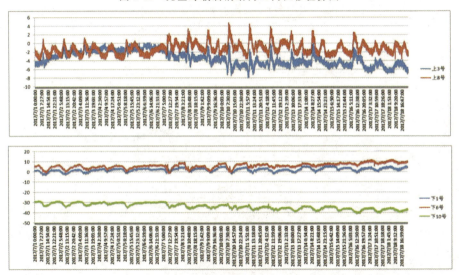

图 3-33　胎架拆除前后基础墩位移曲线图

3.3.4.4　临时支撑结构(胎架)稳定性监测

周口店第 1 地点(猿人洞)保护建筑主体施工共使用 14 根临时支撑(胎架),根据前期设计对其中 12 根进行监测。胎架监测主要利用安装在底部的 4 个 BGK-FBG-4000T 光纤光栅表面应变计和安装在顶部的 1 个 BGK-FBG-6160 倾角计实现。

图 3-34　监测仪器布置实例图

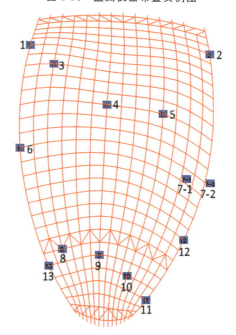

图 3-35　监测点位分布图

作为施工过程中临时支撑架构,胎架的使用过程分为空载搭建—负载—稳定支撑—卸载拆除四个阶段。胎架系统的载荷应变处于基本稳定状态。

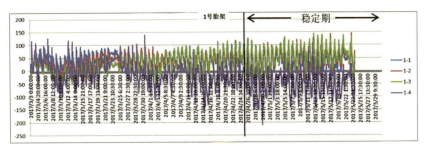

图 3-36　1 号胎架应变趋势($\mu\varepsilon$)

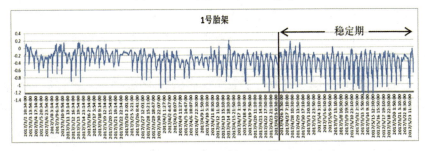

图 3-37　1 号胎架倾斜趋势图

胎架整体在中部多以受压为主,南部靠近南侧有受拉现象,主要承重区域在中部,且方向向北;胎架整体应变变化均较小,胎架状态稳定。胎架受力值均小于设计受力值。

3.4 振动控制技术

3.4.1 塔吊运行分析

在施工过程中,施工机械运行时会发生振动从而对文物造成影响,产生振动的主要因素有塔吊吊装构件时小车行走、转臂、起落吊钩、构件落在地面时产生的冲击等。

施工前针对塔吊的运行进行了振动观测试验,考察塔吊的运行过程对场地的振动影响。选择了一个和将进场的塔吊在吨位、臂长、高度等条件上比较接近的塔吊进行监测。通过对塔吊起吊重物、塔臂旋转、小车沿塔臂运动、放下重物等动作进行观测,以及跟场地地脉动进行对比,得到如下初步结论:

在模拟安静环境条件下,背景噪声的加速度峰值仅仅为 0.007gal。

塔吊开动后,对地面产生一个较大的高频地震动影响,这个 PGA ＝ 0.14gal。

塔吊在起重、小车前后移动、旋转过程中产生一个较大的地震动,其中最大的震动发生在其放下重物的瞬间,它能在 20m 外产生一个 PGA ＝ 0.308gal 的冲击,相当于其背景地脉动峰值的 44 倍。

由上述实验得知,塔吊开动后,对地面产生一个较大的高频地震动影响,特别是在塔吊吊装构件落钩,当构件与地面或拼装胎架接触的瞬间所产生的冲击最大,为减少施工振动对文物产生的影响,施工时应制定相应控制措施。

3.4.2 施工机械选择

塔吊均采用混凝土矩形固定式塔吊基础。钢结构施工时设置两台塔吊,1♯塔吊型号为 ST80/75,臂长 80m,最大载重 7.5t;2♯塔吊型号为 C7050,臂长 70m,最大载重 5t。

为减少塔吊运行状态下的振动对山体产生的影响,在塔吊基础施工时,在塔吊基础垫层下垫 400mm 厚的级配砂石,砂石铺垫宽度相比垫层宽出 500mm。塔吊平面布置见图 3-38、3-39。

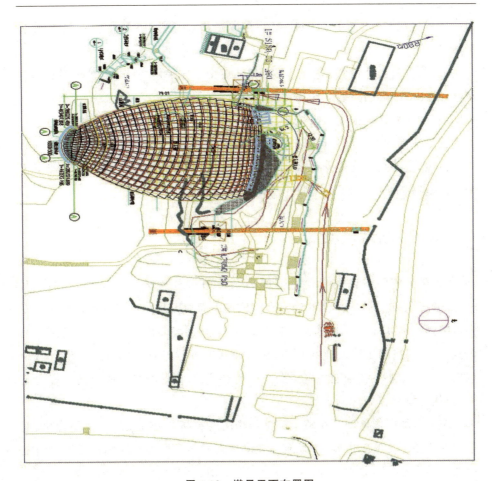

图 3-38　塔吊平面布置图

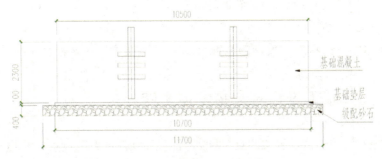

图 3-39　塔吊基础剖面图

3.4.3 施工要求

(1)构件配卸车、存放:构配件材料存放场地要远离文物,在距 2♯塔吊 50m

位置的景区门口,设置专门的构配件存放料场,由 2♯塔吊将构件吊至拼装区域。

(2)构件拼装区设置在猿人洞外,拼装胎架下方采用 400mm 厚碎石满铺拼装区,使用"工具式路基箱"作为硬化场地拼装区。

(3)超长构件均采用双击抬吊、空中转体的施工方法,以减小构件落地翻身对地面造成的冲击。文物区域作业做到"不动文物上方的一草一木"。钢结构施工阶段,主要是靠支架支撑径向主梁来完成主梁的安装,网格所有支架下部采用路基箱扩散压力,不动文物土层。

3.4.4 振动监测

2♯塔吊倾角在无载荷状态下倾斜角度范围分别为 −0.202°∼0.185° 和 −0.069°∼0.193°,较大角度的偏差多由风速引起。无载荷状态下倾斜角度在安全范围内。1♯塔吊与 2♯塔吊倾斜变化相似,塔吊倾斜监测中结合现场风速风向监测,为塔吊稳定性做辅助监测,在作业状态下,当环境风力达 6 级以上,现场塔吊停止作业。结合现场塔吊操作规范要求,监测期间塔吊倾斜均在安全范围内,状态稳定。

施工现场图像监测是在整个施工现场两处制高点分别安装高清摄像机,通过定期抓拍记录施工进展;并且能够在出现突发情况时第一时间记录。经过前期考察两个制高点分别选择了 1♯塔吊顶部和山顶洞气象监测杆顶部。

施工过程监测数据表明:作业期间振源引起的地面振动,大于非施工作业振动速度,但其对周口店遗址产生的影响在《古建筑防工业振动技术规范》GB/T 50452−2008 允许振动的范围内,不会对遗址产生破坏性影响。

3.4.5 施工过程对文物本体影响分析

通过在典型部位设置监测点(见图 3-40),可以得到施工过程对文物本体的影响变化,分析结论如下:

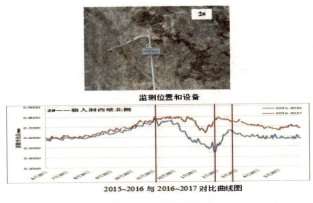

图 3-40 典型监测点

　　猿人洞本体裂隙变化情况表现为增大、缩小以及稳定不变;猿人洞西壁北侧、南壁 3-2# 表现为增大,东壁南侧、南壁 3-4# 表现为缩小,其余裂隙基本稳定无变化。裂隙在出现变化的时间上各有不同,但变化的幅度在发育一定时间后均逐渐趋于稳定。

　　猿人洞西壁北侧裂隙 2# 在 2016 年 11 月下旬逐渐与上年同期产生差异,差异逐渐增大,在 2017 年 3 月初,裂隙差异逐渐稳定,裂隙较同期增大约 0.1mm,裂隙最大增大量约为 0.3mm。

　　东壁南侧裂隙 4# 在 2016 年 7 月底逐渐与上年同期出现差异变化,并逐渐增大,在 2017 年 1 月裂隙差异性区域稳定,裂隙表现为缩小约 0.1mm,最大缩小量约为 0.15mm。

　　猿人洞南壁 3-2# 裂隙在 2016 年 8 月初逐渐呈增大的发育趋势,9 月中旬基本趋于稳定,与上年度同期相比增大约 0.1mm,最大增大量为 0.2mm。

　　猿人洞南壁 3-4# 裂隙在 2016 年 8 月初逐渐呈缩小的发育趋势,12 月初发育趋势基本稳定,与上年度同期相比缩小约 0.4mm,最大缩小量约为 0.5mm。

　　数据表明,钢结构施工对文物本体影响比较小,文物本体安全有保证。

第 4 章 总 结

本工程钢结构主体为两端支撑大跨单层异形钢壳结构,结构设计使用年限为 50 年,结构设计基准期为 50 年,结构设计耐久性年限为 100 年,结构安全等级二级,地基基础设计等级甲级,抗震设防类别丙类,场地特征周期 0.4S,阻尼比 0.02,抗震性能化目标为中震弹性、大震不屈服。

本工程设计复杂,施工难度大。建造过程中,充分发挥了各单位力量,确保施工质量符合现行国家、行业及地方标准要求和设计要求,保障施工安全、加快施工进度、提高经济效益。

本工程的特点是"以建筑设计的手段方法解决遗产保护的现实问题",将"遗产保护要求和现代工程技术相结合"。本项目是在联合国教科文组织审批的我国首批世界文化遗产保护地进行建设的首例大型钢结构工程。

"最小干预"是遗产保护的基本原则,为减轻风吹日晒、雨水冲刷、冻融风化的影响,对需要保护的遗址进行半封闭遮盖,消除雨水隐患。本工程空间形状通过现状山体等高线进行数字化找型回归,恢复猿人洞数万年前的初始形态,并最终融入周边环境,与环境相协调。

通过主体钢结构上幕墙叶片和下幕墙叶片的叠合设计隔绝雨、雪、冰雹、阳光等自然因素对遗址本体的不利作用,半封闭空间的设计利于遗址本身小环境的维持,利于遗址本身的保护。

本工程采用两端支撑大跨单层异形钢壳结构,南北向投影长度约 79m,东西向投影长度约 56m,最大高差达 35m。网格在山顶及山脚共有两排落地点,采用成品抗震铰支座将结构受力可靠传递给基础,基础采用条形抗推基础。

本工程建造工作经过了"充分论证 层层把关 精心建造"的严格过程。在技术上力争将"成熟先进的现代工程技术与遗址保护技术相结合,在各单位共同努力下为周口店遗址留下一份宝贵的财富",主要要求如下。

(1)程序上严格按遗产保护建筑的要求报批报审,方案设计,施工图设计均需要组织专家论证通过,最终施工图报强审审查。

(2)建筑上采用三维扫描技术获取现状地形信息,通过可编程运算化手段实现参数化设计技术,提高了设计效率和设计精度。

(3)结构设计采用多软件校核,考虑抗震性能化设计,对主体结构、基础结构进行多轮优化,委托专业机构进行模型风洞试验,通过三维非线性大挠度有限元技术进行主体钢结构整体稳定极限承载力分析,对关键节点采用实体单元进行补充验算以及施工模拟成型技术;基础结构采用三维实体单元模型和平面简化模型进行对比分析;为保证钢材的低温受力性能采用 Q345C 钢材,确保结构受力安全可靠。

(4)为充分了解现场地质情况,对每一个落脚点均需要钻孔勘探,对崖壁稳定性和岩石稳定性进行科学评估。

(5)基础开挖采用静力爆破技术减轻施工振动,提高基础抗推能力。

(6)现场施工前做好充分的施工方案论证,增强施工过程中的遗址保护措施,切实杜绝高空坠物、焊接火灾以及人为破坏,将施工过程中机械振动控制在规范允许的范围之内,确保施工质量和施工安全;

(7)根据工程特点进行攻关,完成"大直径厚壁圆钢管构件加工技术""大落差(拱脚高差 33m)大跨度(最大跨度 79m)两端支撑自由曲面单层网壳结构施工技术""文物保护工程中振动控制的钢结构施工综合技术"等一系列关键技术,充分发挥各项技术的优点。

伴随着社会经济的全面快速发展,各色各样的宝贵遗址陆续被发掘出来,遗址发掘并不是结束,对遗址的保护刻不容缓,钢结构保护棚对遗址保护有独到的作用,其应用必将越来越广,本工程的顺利实施可为类似工程提供借鉴和参考。

参考文献

[1] JGJ7－2010 空间网格结构技术规程［S］.北京:中国建筑工业出版社,2010.

[2]GB50017－2017 钢结构设计标准［S］.北京:中国计划出版社,2017.

[3]GB50011－2010 建筑抗震设计规范［S］.北京:中国建筑工业出版社,2010.

[4]GB50007－2010 建筑地基基础设计规范［S］.北京:中国建筑工业出版社,2010.

[5]童根树.钢结构设计方法［M］.北京:中国建筑工业出版社,2007.

[6]王国周,瞿覆谦.钢结构原理与设计［M］.北京:清华大学出版社,1998.

[7]马智刚,崔光海,李增超,蒋炳丽,汪静.周口店遗址第一地点(猿人洞)保护建筑结构设计［J］,建筑结构,2020.12.

[8]崔光海,徐知兰,李俨,保护棚作为遗址预防性保护手段的初步探索——周口店遗址第一地点保护设施工程［J］,建筑遗产,2020.02.

[9]马智刚,崔光海等,大跨单层异形钢网壳整体稳定承载力分析［J］,钢结构(中英文),2021.08.

[10]沈世钊,支旭东.球面网壳结构在强震下的失效机理,土木工程学报,2005(1),P11－20

[11]五季,高峻,周口店遗址猿人洞保护建筑［J］,建筑实践,2020.09.

[12]张亮亮,大跨度空间单层钢网壳结构设计研究［J］,城市建筑,2020.03.

[13]季昶,邵建华,郭军忠等,大跨度空间单层钢网壳结构设计与分析［J］,江苏建筑,2017.06.

[14]李黎明,牟在根,徐彦峰,甘明.民航博物馆在考虑初始缺陷后稳定承载力研究/第十四届全国现代结构工程学术研讨会论文集,2014.

[15]周口店遗址第一地点猿人洞保护工程地质勘察报告［R］.北京:北京市地质工程勘察院,2011.